ALBERTO RAIMONDI

GLI AMICI LODIGIANI DI CARLO DOSSI

Youcanprint

Titolo | Gli amici lodigiani di Caro Dossi
Autore | Alberto Raimondi
ISBN | 979-12-21413-13-7

Youcanprint
Via Marco Biagi 6 - 73100 Lecce
www.youcanprint.it
info@youcanprint.it
Made by human

A Claudio Vitelli
con amicizia

PRESENTAZIONE

La fortuna editoriale postuma di Carlo Alberto Pisani Dossi (in arte Carlo Dossi), dovuta principalmente alla magistrale edizione delle sue *Note Azzurre* a cura di Dante Isella (1964), ha portato alla luce una miriade di personaggi minori, ritenuti però notevoli, soprattutto nella seconda metà dell'Ottocento, per aver influenzato con la loro originale personalità i campi della politica, della scienza, dell'arte, della storiografia, del costume.

Tra questi si possono annoverare alcuni personaggi di Lodi (città d'origine anche di Ida Quinterio, madre di Carlo Dossi): Paolo Gorini, scienziato/artista, anatomista, matematico, geologo sperimentale, conservatore della materia attraverso una sorta di pietrificazione o distruttore della stessa mediante il fuoco; l'abate Luigi Anelli, patriota, politico, storico, polemista; Cesare Vignati, sacerdote, pubblicista e indagatore di memorie storiche, insegnante; Carlotta Ferrari, poetessa e musicista...

A tutti loro il Dossi dedica varie annotazioni, e spesso anche motivati giudizi di merito, a volte sorprendenti per la grande stima e l'apprezzamento che esprimono. E sebbene la lente "deformante" dell'amicizia possa a volte contribuire ad amplificare l'effettivo valore dei personaggi, resta comunque l'indubbio interesse per poter conoscere un po' meglio, attraverso la loro vicenda, il periodo storico che si svolge principalmente tra il nostro Risorgimento e il prologo della Grande guerra.

ATTO I

CARLO DOSSI E PAOLO GORINI

Storia di un'amicizia

Negli anni successivi alla conclusione dell'epopea risorgimentale, il giovane Carlo Dossi, nobile e facoltoso, nato a Zenevredo (PV) nel 1849, ma milanese per circostanze e per scelta, amico munifico di artisti "scapigliati" senza condividerne però in tutto i programmi velleitari, alla soglia dei vent'anni, faceva il suo ingresso sulla scena letteraria nazionale con due romanzi: *L'Altrieri* (1868) e *Vita di Alberto Pisani* (1870).

Per la verità tale esordio, piuttosto in sordina perché affidato ad edizioni numerate e fuori commercio, secondo un costume che gli sarà spesso connaturale, era stato preceduto da una precocissima attività letteraria: dopo un poema in ottave composto a dodici anni ed una tragedia elaborata due anni dopo (inframmezzati da esperienze giornalistiche di impegno via via crescente) aveva pubblicato, in collaborazione con l'amico di sempre Luigi Perelli, il volumetto *Giannetto pregò un dì la mamma che il lasciasse andare a scuola* (1866) (1) e, di seguito, *Per me si va tra la perduta gente* (1867). L'uscita di L'Altrieri tuttavia fece un po' di rumore tra gli addetti ai lavori: da una parte procurò all'autore una pesante stroncatura da parte di un autorevole giornale milanese dell'epoca (2), che, professandosi, sulla questione della lingua, manzoniano di stretta osservanza, non poteva che disprezzare "i riboboli fiorentini pacificamente appaiati ai lombardismi" dossiani; dall'altra gli valse l'apprezzamento di quei letterati che, come Arrighi, Rovani o Capuana, riconoscevano in quel linguaggio personalissimo e in quello stile spericolato un'autentica originalità inventiva rispetto allo stagnante conformismo di tanti letterati coevi. E' proprio in quegli anni, cioè intorno al 1870, che, secondo Dante Isella, critico impareggiabile e magistrale curatore dell'edizione Adelphi (Milano, 1964) delle *Note Azzurre*, il Dossi cominciò a "stillare i geniali veleni" delle sue annotazioni: il volume, stampato postumo, è assimilabile ad uno zibaldone che contiene oltre 5700 note tra pensieri, citazioni, riflessioni, fatti di cronaca, aneddoti, progetti letterari che l'autore stesso definisce "selva – di pensieri miei e d'altrui- in seme, in fiore, in frutto" oppure " cervello di carta, aperto in sussidio dell'altro già zeppo" ovvero "granai di riserva per le possibili carestie"(3). Sono appunto le Note azzurre (N.A.) la fonte principale di tanti spunti biografici dossiani, nonché la testimonianza della grande e sincera amicizia che legò Carlo Dossi a Paolo Gorini: una delle prime N.A. (la 34) cita una frase arguta di Gorini, il che significa che intorno al '70 i due già si conoscevano (4).

Paolo Gorini, all'epoca, aveva ampiamente superato la cinquantina, essendo nato a Pavia il 28 gennaio 1813; si considerava lodigiano d'adozione, sia per una permanenza a Lodi di quasi mezzo secolo, sia perché la famiglia materna, Pelloli, era oriunda lodigiana; non diversamente la madre di Carlo Dossi, Ida Quinterio, era discendente di una famiglia di patrizi lodigiani che esercitavano la professione di banchieri, per cui, anche se in via ipotetica, si può pensare che Lodi rappresentasse uno dei possibili crocevia per la conoscenza, nonché occasione per l'incontro, tra il giovane letterato colto, curioso, brillante, estroso ed un po' eccentrico, ed il maturo scienziato bizzarro, dalle abitudini stravaganti e dalla fama discussa e un po' sinistra. Infatti il Gorini, dopo gli studi medi ed universitari compiuti a Pavia, alunno del Collegio Ghislieri, laureato in matematica con lode, nel 1834 giunse a Lodi come professore di Liceo ed iniziò la sua multiforme opera di ricercatore, abbracciando campi del sapere vasti ed eterogenei: dalla matematica alla geologia, dalla conservazione delle sostanze organiche alla cremazione dei cadaveri. Se le sue ricerche matematiche furono ben presto abbandonate, gli studi geologici rappresentarono un personale contributo sull'origine delle montagne e dei vulcani, nella convinzione che la storia geologica del nostro pianeta fosse iniziata con la fase di graduale raffreddamento della crosta terrestre: essa, infatti, solidificandosi, avrebbe racchiuso i "plutoni", cioè miscele di gas inclusi in un liquido, per cui, consolidandosi il liquido con il progressivo raffreddamento, il gas contenutovi si sarebbe svincolato dal sistema con moti espansivi così turbolenti da dar luogo all'insorgenza di vulcani e terremoti. Propugnatore di una "geologia sperimentale", Gorini allestì esperimenti nel suo laboratorio ricavato dalla sconsacrata chiesa di San Nicolò, fondendo e poi raffreddando sostanze diverse: ma mentre la Scienza ufficiale esprimeva forti perplessità o addirittura netta avversione per gli assunti ritenuti aprioristici delle teorie goriniane (mai i "plutoni" erano stati rinvenuti nelle viscere della terra!), per molti giovani intellettuali entusiasti, tra cui appunto il Dossi, quello strano e appassionato uomo di scienza, ostinato e solitario nel perseguire la dimostrazione delle sue formulazioni in quel suo laboratorio zeppo di pentole, carbonella e liquidi in ebollizione, era davvero considerato un geniale indagatore dei reconditi segreti delle nostre origini ed un autentico epigono degli scienziati-filosofi antichi (N.A. 356-842-869-1069-1191-1915-2067-2457-2536-2889-3931-4291).

Ma è principalmente per gli studi sulla conservazione delle sostanze organiche e sulla cremazione dei cadaveri che la fama di Paolo Gorini superò l'ambito nazionale, risvegliando curiosità e consensi anche in ambiti scientifici europei. I risultati degli esperimenti di conservazione dell'organismo nella sua integrità (senza asportazione di visceri) sono visibili da chiunque voglia visitare il piccolo "Museo Goriniano" allestito in una delle sale dell'Ospedale Vecchio, a Lodi.

Nel 1872, però, dopo circa trent'anni di ricerche sull'imbalsamazione dei cadaveri, Gorini concluse che essa non poteva essere considerata una valida alternativa all'inumazione (data l'impossibilità a generalizzarne l'uso) e si orientò pertanto verso il progetto d'incenerimento delle salme: con il volumetto del 1876 " Sulla purificazione dei morti per mezzo del fuoco" progettò con successo un crematoio che l'Amministrazione comunale laudense inaugurò il 6/9/1877 presso il cimitero di Riolo, con il nome di Crematoio lodigiano. Forni *goriniani* sono ancora in funzione al cimitero Monumentale di Milano e nel cimitero Woking di Londra: di quest'ultima realizzazione abbiamo ampie notizie dal carteggio tra il Gorini e Gaetano Pini, tra i fondatori della prima Società di Cremazione in Italia, che ha legato il suo nome al prestigioso Istituto Ortopedico milanese (Arch. Stor. Lod., CV, 1986, a cura di A. Allegri). Sull'argomento della cremazione il letterato Dossi (N.A. 4676) dottamente fa risalire a Lucano (Phars., LVII, vv.775-778) il principio goriniano per cui "il cadavere serve da combustibile a se stesso" e così di seguito traduce: "Pompeo goccia lentamente sui carboni e mantiene con la sua grascia il rogo".

Vittorio Beonio Brocchieri, brillante giornalista e scrittore lodigiano, che vantava tra l'altro per parentela una discendenza dal Gorini, nel suo gustoso libro *Mio zio pietrificò Mazzini* (Longanesi, 1865) afferma che a spingere lo zio scienziato ad occuparsi di morti per trasformarli in pietra o in cenere fu probabilmente l'ossessione, per non dire una vera fobia, per i vermi. E sebbene lo stesso adombri la possibilità che scientificamente l'opera di Gorini "valga oggi meno di una palanca greca", resta tuttavia immutata l'ammirazione per lo scrittore "limpido, misurato, umanissimo"; lo stesso giudizio è espresso dal Dossi nella N.A. 3196, dove "a proposito della Scienza scritta con Arte" lo paragona al Redi, mentre nella N.A. 2740 si dice certo che "anche quando la scienza di lui sarà invecchiata, vivranno i suoi libri per la sempre giovane poesia".

L'amicizia tra Dossi e Gorini non si esauriva però nella reciproca ammirazione (N.A. 2375-4810-49359 e stima intellettuale (N.A. 2498-4494); era fatta anche di cordiale simpatia, di comune amore per gli animali (N.A. 47-2738) d'indulgente affetto da parte del più giovane per le argute e un po' gigionesche stranezze dell'attempato scapolo, come si può vedere dai seguenti episodi riportati, con un palese sorriso, nella N.A. 3704: "*Gorini discorrendo con una signora sul posto dove le donne pongono prima gli occhi, guardando un uomo, e dicendo la signora "la fronte" e Gorini altro luogo, fu fatta una scommessa. Il dì dopo Gorini capitò dalla signora. La quale arrossendo "ma che cosa l'ha lì signor Paolo"; e accennava alla brachetta di lui donde pendeva un peperone verde. E Gorini ridendo: Mo perché non ha guardato qui- e toccossi il cappello, dove stava impiantato un peperone rosso-*" Più avanti racconta che "*una volta faceva la corte con poco successo a una signora. Costei, con altra sua amica, venne a trovarlo al suo laboratorio, e passata pell'orto vi ammirò una magnifica pianta di amarene grave di frutti* <maturi>, *dicendo "oh, che gusto coglierle e mangiarle". Gorini lasciò cadere il discorso. Ma la mattina seguente, entrando la signora nella propria anticamera vi trovava la pianta tagliata e carica di amarene* <*Gorini aveva soddisfatto il suo desiderio che era non solo di mangiare quei frutti, ma di coglierli lei stessa*>. *Bastò questo ad innamorarla di lui.*"

Altre volte è il ricordo di un motto di spirito colto nell'intimità domestica ad essere riferito (N.A. 3574), oppure una barzelletta sulla dabbenaggine di qualche lodigiano (N.A. 2551) ovvero (ne siamo convinti, anche se non potremmo giurarci), qualche battuta un po' greve o qualche grassa oscenità di sapore goliardico (N.A: 389-3702).

Nel novembre 1875 Gorini si ammalò seriamente. Scriverà al Pini (ibid.): "sono ancora vivo contro tutte le aspettazioni; ma ho un polmone balordo che si è fatto in capo di volersi consumare e io non arrivo a fargli mettere un po' di giudizio". La circostanza è consegnata dal Dossi alla N.A. 3703: " *25 Nov. 1875. Vò a Lodi a trovare Gorini ammalato. Serenità della sua mente. Divorato dalla febbre, pur si alzava dal letto a compiere un certo elenco dei suoi Ms, perché dice lui, vuol dar meno che possa fastidi a chi lo continuerà ne' suoi studi. Il medico gli diceva: tu migliori. E Gorini: sì, miglioro finché starò bene del tutto, cioè sarò morto. Poi a me che partivo: a non più rivederci né in cielo né in terra";* quindi, dopo aver riportato alcune disposizioni testamentarie dell'amico, il Dossi così conclude: " *e questi tutti, sono dettagli che avrebbero acquistato gran pregio dalla morte del sommo mio amico. Ma allora, per nostra buona fortuna, Gorini non morì ".* Ma l'appuntamento con la "cara amica", compagna di tante ore e di tante fatiche della sua vita, tremendamente presente negli occhi artificiali di quei suoi preparati anatomici fissati nell'immobilità di un'eternità terrestre (nella N.A. 4278 si afferma che "Gorini convisse coi soli morti per dei mesi di seguito") fu solo rimandato.

In morte dell'amico, Dossi compose il seguente epitaffio, progettato per la lapide da collocarsi nel tempio crematorio di Milano (N.A. 4849): " A Paolo Gorini- che, alla Natura obedendo, la dominò- e, della vita sorpreso il segreto,- non potendo la morte, debellò la putredine- gli ammiratori del suo intelletto sovrano- gli innamorati del suo ineffabile cuore- Memori, alteri- (nacque il 26 gennajo 1813. Il 2 febbrajo 1881 fu l'ultimo della sua vita e il primo della sua gloria)"; ma la conclusione è amara: " Non venne accettata, come al solito".

Gli ultimi ricordi per l'amico sono pieni di rimpianto e di malinconia, come si legge nella N.A. 5783, dei primi mesi del 1908: "*...io cominciai a morire con la morte di alcuni illustri amici e che io reputo sempre grandissimi. Paolo Gorini, Giuseppe Rovani, Tranquillo Cremona, Giuseppe Grandi...";* oppure nella N.A. 5700, che porta la data 1900, e che comincia così: " *Passeggiata triste. Torno a Milano, la città della mia giovinezza, dopo lunghi anni di assenza. E' sera: desinai da solo; passeggiai da solo. Il piede mi porta dove molti anni prima correva";*la memoria allora si popola di tanti amici rievocati e che non sono più; finché, vagando, giunge " *in Piazza Fontana, a quel numero 5, dove Paolo Gorini, quando si recava a Milano, pranzava con una fetta di manzo e un bicchier d'aqua (sic). Ma anche Gorini non appare più da un pezzo in quella trattoria. La sua anima vive immortale ne' suoi libri, ma il* *corpo è fatto marmo in una piazza di Lodi..."*; dove appunto ancor oggi lo si può vedere in atteggiamento mite e dimesso, con le spalle un po' curve e il cappotto un po' logoro, ma con gli occhi fissi, quasi tesi a carpire qualche nuovo segreto alla natura.

Storia di un progetto letterario

Carriera diplomatica o letteratura come professione?

E' questa la difficile scelta di vita che tra gli anni 1872 e 1878 Carlo Dossi dovette affrontare, all'indomani dei primi, seppur contradditori, riconoscimenti della critica nei confronti della sua produzione artistica giovanile. Se l'ingresso, nel gennaio 1872, negli uffici romani del Ministero degli Affari Esteri sembrò a prima vista rappresentare una svolta importante nella realizzazione dei suoi progetti e delle sue aspettative, la subitanea delusione per la nuova vita e la morte del padre, lo indussero entro lo stesso anno ad interrompere i primi passi nella carriera diplomatica, per dedicarsi all'attività letteraria. Pubblicò in quegli anni, in rapida successione e nel solito centinaio di esemplari o poco più, *Elvira, elegia, Il Regno dei cieli, Ritratti umani, dal calamaio di un medico, La Colonia felice – Utopia*; nel 1878 fece stampare, dopo complicate vicende editoriali, *La Desinenza in A* (facente parte del ciclo dei *Ritratti Umani*), in edizione di poco più di mille copie (5).

Negli stessi anni l'amico Paolo Gorini tentava l'avventura politica, concorrendo per un seggio al Senato, ma senza fortuna ed anche senza eccessivi rimpianti per la mancata elezione, come risulta da una lettera al Pini del 23 novembre 1876 (Arch. Stor. Lod., CV, 1986, a cura di A. Allegri): "L'essermi tirato fuori dall'infornata non mi riuscì né di sorpresa né di dolore...Nel mentre che molti si affaccendavano per ottenere un posto in Senato, io mi occupavo di un famoso problemetto che fece per più di due secoli la disperazione di tutti i matematici.

E' un problemetto conosciutissimo sotto il nome di Teorema di Fermat. Ho potuto risolverlo e ne provai una così grande compiacenza che di maggiore non saprei immaginare..."

L'interesse politico, se non fu un semplice diversivo, non rappresentò certo il maggior impegno di Gorini in quegli anni, che furono tra gli ultimi della sua vita e che quasi interamente furono dedicati al problema della cremazione dei cadaveri ed alla realizzazione pratica di forni crematori in Italia e all'estero.

E' molto probabile, comunque, che il ritorno di Dossi a Milano ed i suoi frequenti soggiorni nella campagna lombarda, abbiano consentito, in quel periodo, una frequentazione più assidua tra il giovane letterato e l'anziano scienziato, cementandone ancor più, se possibile, la già salda amicizia, alimentata da un'ammirazione quasi sconfinata (N.A. 3702,3704, 2877 ecc.); ciò risulta evidente, oltre che dagli scritti più di carattere privato, anche dalle frequenti citazioni riservate al Gorini dal Dossi in sue opere, come nella *Vita di Alberto Pisani,* in cui l'amico scienziato-artista è paragonato a Rovani, artista-scienziato, sul ritmo di una prosa pervasa da una certa enfasi lapidaria: " Gorini, altissimo genio, che sa forzar la materia a narrare le antiche vicende e a predir le venture e che nel sublime racconto ritrova i fili d'insospettate scoperte, né, pago di essere profeta di splendidi veri, splendidamente – nuovo Galileo- li annuncia"; o come nella *Desinenza in A,* in cui l'amico, accomunato ad Epicuro quale detentore di ogni più oscuro segreto scientifico, è addirittura indicato, nell'Avvertenza che anticipa il testo, come maestro di... ortografia (6) (v. anche N.A. 5573); o, infine, come nel tardo *Amori* del 1887, che conclude praticamente la carriera pubblica di Dossi come scrittore, in cui la figura luminosa di Gorini, ormai trapassato, è così ricordata in un'atmosfera commossa ed affettuosamente elegiaca: "...di tanti piccoli mondi e di sì grandi pensamenti suscitatore. Più non crescono le sue montagnole, or selvose di minerbina, sono spenti i suoi vulcanetti, pressoché sovr'essi più non si china la bianca barba e la fronte affollata d'idee e la pupilla umida di bontà del lor Creatore. Ma le fiamme del nostro affetto per Paolo, sàlgono sempre più alte e vivaci, e sempre il monte più cresce dell'ammirazione nostra e di tutti per lui" (v. anche N.A. 4745).

Se dunque nelle prime, pubbliche manifestazioni di stima, si può cogliere qualche aspetto di giovanile infatuazione, nelle ultime traspare l'espressione di un'autentica ammirazione, di una sincera e profonda amicizia e di un legame duraturo che hanno indotto il letterato a pensare e a progettare anche un'opera celebrativa dell'amico. La prima traccia di essa è riscontrabile nell'annotazione 3496 delle N.A. che porta la data del 9 aprile 1877, in cui Dossi elenca una ventina di progetti letterari, tra cui, seppur con un'aggiunta seriore, che non s'inserisce nella numerazione dei progetti elencati (come precisa Dante Isella), indica "la *Goriniana*, il cui materiale è già pronto e distinto in capitoli. Manca scriverla".

Molti anni più tardi, il primo di dicembre 1904, l'opera non è ancora iniziata e l'autore, nella N.A. 5745 scrive: " Se Dio mi concederà ancora qualche anno di vita, mi proporrei il seguente programma..."; quindi, dopo un elenco più o meno circostanziato di progetti letterari e non, prosegue: "...1908-09 (59-60 anni) Goriniana – Altri libri- Continuazione Dosso- Compimento Casa Corbetta".

Dunque l'idea di un'opera dedicata all'amico, già presente fin dagli anni della giovinezza, seguiterà ad affascinare Dossi fino alla tarda maturità; la sua mancata realizzazione non sembrerebbe imputabile alla tirannia del tempo, visto che il periodo auspicato al compimento dell'impresa fu per intero benignamente concesso dall'inesorabile Parca (o, meglio, se si vuole, dal divino disegno provvidenziale che sovrintende alle vicende umane) prima che il filo fatale dell'esistenza terrena dell'autore fosse interrotto il 16-10-1910; e pure l'impegno di un'intensa carriera diplomatica, all'ombra di Crispi, ripercorsa a partire dal 1878 come Ciambellano del cifrario nella Consulta, fino al conseguimento delle funzioni di Segretario generale al Ministero degli Affari Esteri (senza escludere l'incarico di ambasciatore prima a Bogotà e poi ad Atene), potrebbe aver ritardato, ma non impedito la realizzazione di quell'idea così a lungo custodita e vagheggiata anche dopo l'abbandono della politica attiva, in seguito alla morte di Crispi (almeno dal 1901 al 1910). Forse piuttosto un'innata, enciclopedica e dispersiva curiosità, un fervore progettuale così poco incanalabile in una rigorosa disciplina alla scrittura, un'esasperata ricerca artistica di originali soluzioni formali, che, se non conseguite, comportavano presto una rinuncia, sono verosimilmente i motivi della mancata realizzazione di opere progettate a più ampio respiro (la *Rovaniana* ne è un altro esempio) così poco congeniali ad uno scrittore *sostanzialmente frammentario* e portato a bruciare, nelle poche righe di un bozzetto, le migliori energie di un'invenzione tanto icastica, quanto effimera.

Limite che, generalizzato, è il tema dell'amara confessione (quasi una nervosa stenografia dell'anima), della N.A. 5698: " L'incompleto. *Se descrivessi questo tipo farei la mia autobiografia. Io non riuscii a condurre a perfetta fine, nulla. In letteratura cominciai arditamente; scrissi scrissi, dovevo essere un innovatore, mille progetti, tutti saggi,* essays, *nessuna opera e, tanto meno, conclusione. L'*oeuvre *non fu compiuta. In diplomazia, mille cose iniziate e bene, ma tutto troncato e disfatto (...) In Arte; mosso dall'illusione d'incoraggiare i giovani promettenti, mi disgustai con tutti, colpa certamente più di loro che mia. In ricchezza, ereditato, non saputo mantenere un patrimonio. In architettura, posto i fondamenti di un palazzo, dovuto lasciare a metà, simbolo della mia vita, che persino, nascendo, pronosticava perché settimestre";* bilancio ancora provvisorio, prossimo a diventare definitivo nella successiva, patetica N.A. 5783: " *Ho 58 anni (e ne avrò 59 ai 27 marzo) e sono in un continuo peggioramento. La lenta e quasi "nativa" nevrastenia, alternata ad esaurimento cerebrale e da larvati colpi apoplettici, m'ha condotto alla quasi imbecillità. Tra poco, forse questione d'anni o di mesi, mi dissiperò e ridarò le mie spoglie* *alla terra, speriamo per una "rinnovazione", e per riprendere la mia vita, sott'altre forme, e completare le precedenti esistenze. Questa volta ero venuto al mondo chiamato "terra" con una buona dote, ma gli avvenimenti non mi furono favorevolissimi, o forse non ebbi sufficiente virtù di domarli al mio servizio. Ero nato alle lettere, alle scienze specialmente archeologiche, ma non ebbi il coraggio di tendere ad un unico scopo l'arco della mia mente (...) Molte grandi, molte belle cose disegnai, molte abbozzai, nessuna ho compiuta. Prego mia moglie, prego mio figlio e le mie figliole di completarmi. Alla villa chiamata il Dosso Pisani è affidata la mia memoria (...) Se il mio Franco diventerà, come mi auguro, un buon artista in scultura, potrà decorarlo con le statue dei grandi italiani, specialmente scegliendo quelli che, oltre di avere merito grandissimo, non furono raccomandati alla posterità da una degna fama in vita, come Gorini, Marzolo, Rovani etc.".*

Nel momento in cui avverte il venir meno del vigore psicofisico e percepisce ormai come velleitario ogni sforzo per concretizzare i tanti progetti della sua vita, nel vago abbandono ad un'idea di palingenesi dai contorni indistinti che lascia spazio ad una possibile futura rigenerazione, il Dossi non dimentica il suo debito nei confronti degli amici più cari (tra cui, appunto, il Gorini) e chiede al figlio di contribuire a saldarlo almeno in parte: tuttavia quella *Goriniana* che non supererà mai il limite di un'interminabile gestazione, non riuscirà a conseguire (come del resto alcuna effigie) lo scopo di riabilitare di fronte alla Storia lo scienziato lodigiano, ma resterà pur sempre la limpida testimonianza di un sentimento di costante e autentica amicizia, non meno perfetta, solo perché non suggellata da una compiuta realizzazione. Sarà quindi solo l'edizione di una *Autobiografia* goriniana, curata da Dossi assieme agli amici Levi e Perelli e pubblicata a Roma nel 1881 subito dopo la morte dell'illustre lodigiano, l'estremo omaggio, forse un po' riduttivo rispetto alle intenzioni, ma non per questo meno appassionato, dei giovani della nuova generazione dai trascorsi "scapigliati" al vecchio amico, indimenticabile maestro di scienza e di vita.

Quel triste amore di Carlotta Ferrari (7)

La recente pubblicazione "Carlotta Ferrari da Lodi", apprezzato lavoro di Elena Cazzulani ed Angelo Stroppa, ha fatto conoscere la figura della singolare artista lodigiana della seconda metà dell'Ottocento, presentandola come una donna capace di alti e vibranti sentimenti, di salda coerenza morale e di una non comune capacità di lottare e di soffrire per far emergere le attitudini poetiche e musicali di cui si sentiva dotata. Non vi si accenna, tuttavia, ad alcuna durevole relazione sentimentale, anzi, si sottolinea che non vi è alcun cenno, in nessuna poesia, ad un essere legato a lei da un'armonia indissolubile o perduto sulla strada della vita (op. cit. pag 21); di diverso avviso sembrerebbe, invece, il letterato coevo Carlo Dossi, che nelle *Note Azzurre*, a proposito degli innumerevoli amori di Paolo Gorini, alla N.A. 3704, delinea questo breve ritratto al vetriolo: " *Altro amore, la Carlotta Ferrari, poetessa e musicante. Durò un paio d'anni. La Carlotta gli faceva scene ad ogni pasto – minacciava di avvelenarsi etc.- si metteva spicchi d'aglio sui polsi, per torre a presto la febbre. Gorini se ne liberò inviandola in Inghilterra".*

Certo si tratta di un resoconto impietoso di una "love story" dal triste epilogo, in cui probabilmente non è estraneo il sottile veleno della misoginia dossiana già espressa nella *Desinenza in A* e solo in parte temperata dalla tardiva "ammenda" venuta con la pubblicazione di *Amori* del 1887, ma che conferma una circostanza biografica importante, cioè il viaggio della Ferrari in Inghilterra, compiuto al seguito della famiglia londinese degli Heands.

Per gli autori della citata monografia, ragioni ben diverse, ovviamente, stanno alla radice della decisione di Carlotta di trasferirsi oltremanica, quali la necessità di sostenere le difficili condizioni economiche della famiglia (ibid., pag 13) e non certo la condiscendenza ad una poco elegante esortazione di un amante ormai infastidito dagli isterismi della sua compagna e deciso a frapporre latitudini difficilmente colmabili tra le loro esistenze.

Va subito detto che, sulla vicenda, il Dossi ha probabilmente un punto di vista piuttosto unilaterale e di parte, dato che, come si sa, tra lui e il Gorini esisteva da lunga data un sodalizio alimentato da una stima e da una ammirazione reciproca e anche da un'affettuosa e intima confidenza, come riferito da numerose sue testimonianze sia in opere pubblicate in vita, sia soprattutto, com'è noto, nelle postume Note Azzurre, vero "lazzaretto dove il D. tiene in quarantena i propri e i pensieri altrui": libro del tutto originale, da assumersi a dosi omeopatiche, in cui la lettura dell'indice analitico non riserva meno sorprese che quella del testo; ma anche luogo privilegiato di personali osservazioni, di privatissimi sfoghi, nonché di sapide annotazioni di una sincerità così piena da apparire talora brutale, anche se proiettata nello specchio un po' deformante di un'autocoscienza letteraria, spinta a tratti fino ad un narcisismo con venature beffarde. Sta di fatto che probabilmente quello sopra riportato, come del resto molti altri aneddoti goriniani, avrebbero dovuto confluire nella *Goriniana*, mai portata a compimento; per cui, se da una parte non c'è motivo di dubitare della testimonianza circa una storia sentimentale, durata "un paio d'anni" tra la giovane e promettente allieva delle Muse ed il maturo professore-scienziato di ben diciotto anni più anziano di lei, dall'altra dobbiamo considerare definitivamente esaurita quella fonte di informazioni.

Per rimanere quindi alle poche righe della nota citata, resterebbe ancora da chiarire se quel "poetessa e musicante" che fa quasi da ironico contrappunto ante litteram al "poetessa e musicista" che completa sul frontespizio il titolo dell'opera di Cazzulani e Stroppa, e che non sembra potersi attribuire, al di fuori di ogni connotato negativo, al personalissimo uso dossiano del vocabolario, sia da ricondursi ad un giudizio di Gorini o dello stesso Dossi. Per nessuno dei due, del resto, sembra accertata una sicura competenza musicale, per cui, verosimilmente, quell'espressione un po' malevola potrebbe essere derivata dall'opinione di qualche *esperto* appartenente alla cerchia dei loro amici scapigliati, forse proprio quell'Antonio Ghislanzoni, librettista, tra l'altro, dell'*Aida* verdiana, nonché autorevole critico musicale, protagonista di una malcelata stroncatura della *Sofia,* la seconda opera composta dalla Ferrari (ibid. pag. 12). Ma, a parte tutto, quale fu la vera natura del rapporto sentimentale fra la nostra poetessa ed il Gorini, al di là delle incomprensioni e delle mistificazioni che ne segnarono fatalmente la fine? Quale poté essere il punto d'incontro tra la giovane, ardente, forte e spirituale Carlotta ed il navigato Paolo, dagli interessi più "terreni" e dalle inclinazioni amorose (lo si evince dalla conclusione della stessa N.A. 3704) inequivocabilmente non platoniche? Fu proprio questa inconciliabilità di principi e di comportamenti morali (ibid., pag. 17), oppure altro ancora, la causa della rottura finale? Conviene lasciare il compito di rispondere a tali quesiti agli Autori che con intelligenza e passione hanno lavorato intorno alle vicende umane ed artistiche di Carlotta Ferrari, perché, con gli strumenti a loro disposizione e laddove possibile, tentino di far luce anche su un episodio di per sé forse frivolo e di poco conto nell'economia di una vita, ma probabilmente di un certo interesse per i lodigiani, dal momento che riguarda da vicino personaggi ormai annoverati, a pieno titolo, tra le glorie cittadine.

PRIMO INTERMEZZO

Gorini, Scienziato-Artista.(8)

"Il genio della scienza distrugge il genio dell'arte – si dice. Non credo: chè ai loro tempi Omero e Dante erano non solo grandi artisti ma grandi scienziati. E che dire di Galileo <e di Gorini> ecc.?"
Carlo Dossi, *(N.A. 1191).*

Quando Carlo Dossi rientrò in casa, nel momento in cui la luce dorata del pomeriggio cominciava a mescolarsi alle prime ombre della sera, sulle sue spalle un po' curve gravava tutta la stanchezza di quella giornata d'inizio del secolo, per lui così ricca di emozioni e di rimpianti. Chiuse distrattamente la porta d'ingresso e con l'aiuto del domestico si liberò del soprabito, prima di dirigersi verso la stanza della biblioteca. La sera imbruniva sulle ampie vetrate colorate delle finestre e lenta invadeva la stanza. Si abbandonò sulla poltrona e stette fermo per qualche minuto nel silenzio assoluto e con gli occhi chiusi, come per allontanare pensieri e ricordi che lo assillavano come uno sciame di mosche fastidiose. Temeva uno di quei colpi apoplettici che già in passato avevano insidiato la sua salute e pensò che spesso in occasioni simili la sola lettura gli aveva procurato momenti di rilassamento e di calma. Si alzò, fece luce nella stanza, prese dallo scaffale il volume *Vita di Alberto Pisani* (quel suo libretto scritto una trentina d'anni prima) e iniziò a leggere: *"Degno di Paracèlso!"*- e così via, riassaporando quella prosa singolare e nervosa dei suoi primi scritti fino al punto dove il protagonista, ovvero il suo alter-ego, nella giudiziosa sistemazione dei volumi della propria biblioteca, li dispone secondo motivati accoppiamenti, di modo che *"Aleardi riesce accosto al Carducci...e così, Rovani, artista –scienziato, si appressa a Gorini, scienziato-artista...”*

Sul Carducci poteva ben dire di aver mutato opinione dal momento che quella che un tempo gli sembrava energia *di versi di acciajo*, ora gli pareva solo forza “imparata a memoria”, più da grammatico che da artista, mentre ad Aleardi, valido poeta, ma *dai contorni nebbiosi, dal tristo abbandono,* ora come allora non poteva perdonare l’assoluta mancanza di quell’umorismo che era un po’ il sale di ogni grande scrittore. Vicino a loro stavano i suoi due grandi amici e “miti” di sempre, Rovani e Gorini appunto, entrambi ormai scomparsi e lì accomunati per quella loro strana mescolanza di arte e scienza. Pensò con un amaro sorriso alla stranezza di certe coincidenze, perché quella vicinanza libresca, poco più che casuale, si era tradotta nella vita in rapporti veri, reali, dal momento che Gorini era stato colui che aveva pietrificato la salma di Rovani ed anche, come lui stesso gli aveva un tempo confidato, un corrispondente epistolare di Aleardi. Anzi, riguardo a quest’ultimo, ricordava che il buon Paolo aveva persino pensato, o sperato, che alcuni versi dell’illustre cantore fossero stati ispirati dalla lettura della sua opera *Sull’origine delle montagne*, e che la sua delusione per la mancata conferma da parte dell’interessato era stata solo in parte mitigata dal ricevimento di una lettera di stima dello stesso Aleardi, con accluso un carme composto per la morte di Donna Bianca Regizzo (o Ravizzo che fosse, non ricordava), il cui finale tanto rassomigliava a quello delle Lettere consolatorie di Seneca a Marcia. * (9)

Davvero strano il destino di Gorini, tanto amato e considerato da artisti e poeti anche affermati (e non solo dalla variopinta pattuglia dei loro amici Scapigliati), quanto spregiato dalle Società scientifiche e dai cosiddetti benpensanti. Era ancora assai vivo in lui il ricordo (e ancora ne fremeva di sdegno dopo tanti anni) di quella serata romana in casa Maraini, quando aveva dovuto difendere dal dileggio e dallo scherno Gorini e altri illustri Italiani, i cui meriti non erano adeguatamente riconosciuti.

Aveva sempre creduto, e ancora credeva, al valore scientifico dell'opera del suo amico; tuttavia, se anche in futuro essa fosse stata superata o completamente dimenticata, non sarebbe mai venuta meno la bellezza di quella prosa piena di suggestive intuizioni e così limpida, così aderente ai temi trattati, con quel calmo giro delle proposizioni, le cui pause coincidevano naturalmente con il naturale ritmo del respiro. Un poeta scienziato, insomma, come il Redi, in grado di trattare la Scienza con Arte. Ci avrebbe pensato e avrebbe cercato di lavorare intorno a una siffatta tesi in quel cantiere letterario sempre aperto che era la sua *Goriniana.*

" Ma sarà veramente una buona idea- pensò a mezza voce – o sarà *òna giavanàda,* la solita trovata bizzarra del Carletto Dossi ?...."

Alla porta bussarono per avvertire che la cena era pronta, già in tavola.

* N.A. 193.

ATTO II

LA "GORINIANA": UN OMAGGIO ALL'AMICO SCIENZIATO-ARTISTA (10)

La *Goriniana*, come si è detto, era un'opera progettata da Carlo Dossi per celebrare la figura del geniale amico lodigiano Paolo Gorini, ritenuto allo stesso tempo acuto sperimentatore scientifico ed eccellente scrittore, capace, come pochi, di rappresentare la Scienza con Arte.

La prefazione dell'opera era stata così abbozzata alla Nota Azzurra n. 5155 (N.A.5155): " Goriniana. *Mot<ivo> della prefazione. In quella maniera che le opere scientifiche di Gorini possono servire a formare dei pensatori e ad ispirare nuove scoperte, la sua vita, ove fosse fedelmente raccontata, gioverebbe a fare gli uomini virtuosi e loro insegnerebbe le vie dei veraci godimenti. Il cittadino universale dell' Utopia di Moro trovavasi in Gorini. Non ispida era la filosofia di lui, etc."*

Il difficile rapporto tra Scienza ed Arte è affidato alla N.A. 1191, dove l'antitesi dei termini è risolta in una superiore sintesi, illuminata dall'eccellenza di alcuni esempi: *" Il genio della scienza distrugge il genio dell'arte- si dice. Non credo: chè ai loro tempi Omero e Dante erano non solo grandi artisti ma grandi scienziati. E che dire di Galileo < e di Gorini> ecc.?"*

In una nota successiva (N.A. 2488), a proposito di progetti letterari il Dossi tra l'altro scrive testualmente: "-Influenza di Paolo Gorini nell'Arte..." e più avanti, alla N.A. 2740, il concetto viene meglio esplicitato: "*Si può applicare al nome di Gorini, la baconiana frase 'qui naturae imperat parendo'- Anche quando la scienza di lui sarà invecchiata, vivranno i suoi libri per la sempre giovane poesia.*"

Se Galileo era il riferimento più evidente "a proposito della Scienza scritta con Arte", nella N.A. 3196 si può trovare un altro appunto preciso e sicuro: “Nella vita di Gorini fare il raffronto con Redi”. E certo il confronto non doveva risultare affatto sbilanciato per lo scienziato lodigiano se, in fatto di buone attitudini letterarie, nella N.A. 4825, il Gorini, pur tenendo conto degli schieramenti politici del suo tempo, viene collocato in una compagnia più che onorevole:”…. La Destra ha tutta una letteratura, Minghetti, Mamiani, Bonghi, Luzzatti, Correnti (poiché anche Correnti è di destra)- come l’ha la Sinistra repubblicana – Bovio, Saffi, Gabriele Rosa, Bertani, Carducci, Gorini ecc.”

Ma una sintesi più esplicita a motivare le preferenze del Dossi in campo artistico è suggerita dalla N.A. 5386: *”L’umore milanese o lombardo oggi è quasi irremissibilmente perduto. Invano cerchi qualche scampolo di quella stoffa ambrosiana che diede Manzoni, Cattaneo, Bertani, Gorini, Vassalli, Rovani, e molti minori. Era gente di alto ingegno e insieme cavalleresca, amabile e bonariamente spiritosa. Nutriti di Rossini e di Porta, erano amanti della gonnella, senz’essere puttanieri, erano giocondi senza mai essere sguajati. Oggi si è loro sostituita la volgarità, l’ingrugnatura, il portinarismo del Secolo, il bohemismo scimiottescamente francese ed odioso; l’ubbriaco che rece al brillo che canta, ecc.”*

Decisamente più intima e pensosa la N.A. 5783 (dei primi mesi del 1908) che, assieme ad un estremo bilancio di vita, sembra prefigurare un testamento: *“ Ho 58 anni (e ne avrò 59 ai 27 marzo) e sono in un continuo peggioramento. La lenta e quasi nativa nevrastenia, alternata da esaurimento cerebrale e da larvati colpi apoplettici, m’ha condotto alla quasi imbecillità. Tra poco, forse questione d’anni o di mesi, mi dissiperò, e ridarò le mie spoglie alla terra, speriamo per una rinnovazione, e per riprendere la mia vita, sott’altre forme, e completare le precedenti esistenze. Questa volta ero venuto al mondo chiamato ‘terra’ con una buona dote, ma gli avvenimenti non mi furono favorevolissimi, o forse non ebbi sufficiente virtù di domarli al mio servizio. – Ero nato alle lettere, alle scienze specialmente archeologiche, ma non ebbi il coraggio di tendere ad un unico scopo l'arco della mia mente. Chi leggerà attentamente queste mie note potrà raccogliere una messe vasta di pensieri in germe, e profittare di alcuni. Io cominciai a morire colla morte di alcuni illustri amici e che io reputo sempre grandissimi. Paolo Gorini, Giuseppe Rovani, Tranquillo Cremona, Giuseppe Grandi...Anche Luigi Perelli amico mio, morendo (1900), portò con sé parte dell'anima mia. Molte grandi, molte belle cose disegnai, molte abbozzai, nessuna ho compiuta. Prego mia moglie, prego mio figlio e le mie figliole di completarmi. Alla villa chiamata il Dosso Pisani, è affidata la mia memoria. Vorrei (naturalmente con quei temperamenti economici e di tempo che la cosa richiede) che la compissero, cominciando dalle epigrafi che sono preparate e si trovano nei cassetti del mio scrittojo e che vanno scolpite sulle colonne di marmo....."*

E su una di queste colonne, proprio nel portico dell'Amicizia del suo Dosso Pisani, lo scrittore volle che fosse scritto l'ultimo omaggio all'amico di una vita, per lui impareggiabile **artista-scienziato**:

" PAOLO GORINI /1868-1881/ CREATORE DELLA GEOLOGIA SPERIMENTALE/ APOSTOLO DI VERITA' E BONTA',/SOTTRASSE COLLE FIAMME PVRIFICATRICI/ L'VMANA SPOGLIA ALLA PVTREDINE,/ TRASFORMANDOLA NELLA CENERE DEL VANGELO,/ SORPRESE LA VITA NELLA PIETRA,/ IMPIETRI' LA MORTE/ E, **COL BALSAMO ARTISTICO DE' SVOI LIBRI**,/ S'IMMORTALO'."

SECONDO INTERMEZZO

Nascita e morte.

Il "dies natalis " di Paolo Gorini.

Nel 2013 è stato ricordato il bicentenario della nascita di Paolo Gorini, nota figura di scienziato un po' eccentrico dell'Ottocento, e i lodigiani, che in questi ultimi tempi ne stanno rivalutando l'opera con varie pubblicazioni e iniziative (non ultima l'apertura di una sede in città per la sua "Collezione Anatomica"), ne hanno celebrato la ricorrenza con il giusto rilievo.

Già, ma in quale data, esattamente?

In tutte le principali biografie goriniane succedutesi nel tempo e in vari lavori a stampa è sempre stata indicata come data di nascita quella del 28 gennaio 1813; io stesso in passato, in qualche articolo su Gorini, ho mantenuto questo riferimento, così come lo stesso dato emerge in tutte le recenti pubblicazioni di Alberto Carli che, oltre ad essere un grande conoscitore dell'opera goriniana per ragione del suo incarico di curatore della "Collezione", ha dato con i suoi libri uno straordinario impulso al progresso degli studi e delle conoscenze sullo scienziato lodigiano.

E proprio Carli, nella sua recente pubblicazione "Paolo Gorini. La fiaba del mago di Lodi"(2009), pur aprendo una sezione del libro (pag.25) con le parole "Paolo Gorini nacque a Pavia , il 28 gennaio 1813, e morì a Lodi, il 2 febbraio 1881", poi pubblica un *curriculum vitae* dello stesso, a corredo di una sua domanda di supplenza per la Cattedra di Fisica e Storia Naturale presso il Liceo Comunale di Lodi, in cui in qualità di candidato afferma "ch'egli nacque in Pavia il dì **26 Gennajo 1813**." (pag.27).

Forse un mero refuso - si potrà pensare – un semplice errore dovuto alla fretta o alla distrazione (caratteristiche peraltro che spesso connotano lo stereotipo dello scienziato "geniale"), ma che qui appaiono abbastanza improbabili, trattandosi della redazione di un importante documento ufficiale a cui il Gorini affidava le proprie speranze per una tranquilla sistemazione della propria esistenza.

D'altra parte, leggendo il documento in questione, mi sono ricordato di un'analoga considerazione fatta a seguito della lettura di un'annotazione rintracciabile tra le *Note Azzurre* di Carlo Dossi, grande amico ed estimatore, oltre che frequentatore e confidente di Paolo : N. A. 4849- *A Paolo Gorini – che, alla Natura obedendo, la dominò – e, della vita sorpreso il segreto, -non potendo la morte, debellò la putredine – gli ammiratori del suo intelletto sovrano – gli innamorati del suo ineffabile cuore – Memori, alteri – (nacque il* ***26 gennajo 1813****. Il 2 febbrajo 1881 fu l'ultimo della sua vita e il primo della sua gloria) <Progetto di epitafio per la lapide da collocarsi nel Tempio crematorio di Milano – (C. Dossi) Non venne accettata, come al solito.>.*

Avevo allora pensato, trattandosi per le Note Azzurre di una sorta di artigianale zibaldone, alla scarsa affidabilità documentale delle stesse, anche se il testo riportato si riferisce ad un progetto per una lapide a cui il Dossi certo teneva molto e che aveva senza dubbio preparato con tutta l'attenzione e la cura necessarie.

Resta la strana coincidenza di una stessa affermazione (il 26 gennaio come data di nascita) riportata da due fonti documentali tanto diverse e pure in qualche modo autorevoli.

E se forse non è possibile affermare con assoluta certezza che due pesanti indizi costituiscano una prova, la curiosità del lettore sull'argomento rimanda agli specialisti delle carte d'archivio l'incombenza di una soluzione certa del problema anagrafico goriniano. (11)

Un Carme alla memoria di Paolo Gorini
(da ***La Riforma*** del 19 marzo 1881).

"Il dottor Gioachino Stampacchia, medico onorario della Casa Reale, ci manda da Torino un suo Carme, dedicato alla venerata memoria di Paolo Gorini ed alla nobile città di Lodi. Il Carme narra in endecasillabi gli ultimi istanti e le ultime parole del grande scienziato, intrecciandovi ingegnosamente la sintesi delle molteplici scoperte goriniane. È un lavoro buono e ci riserviamo di chiamarlo buonissimo, quando l'egregio Stampacchia, in una seconda edizione, lo vorrà rimondare di talune espressioni che sentono un po' troppo il gergo dottrinale (come protoplasma, intima protonòe, conati entitativi ecc.) sbarazzandolo in particolar modo di quei ferravecchi mitologici che sono *l'arte di Coo, la bara di Gea, Zoe, Prometeo, i Titani, l' Erebo, Atropo ecc.*, i quali debbono assolutamente esser lasciati in disparte dove si parla di teorie nuovissime come le goriniane. Né la poesia, che ben sa reggersi sulle sue gambe, qual è quella dello Stampacchia, ha davvero bisogno di simiglianti puntelli; ne siano prova le moltissime pagine dello studio sperimentale dello stesso Gorini sui vulcani, che assurgono, per mezzo del più semplice stile, ai maggiori splendori poetici. Comunque sia, il dottore Stampacchia col suo bel Carme s'è dimostrato ancora una volta quanto era già apparso a Gorini cioè:" uomo coltissimo e arguto, innamorato d'ogni progresso scientifico, tenero dell'onore del paese, incorruttibile amico della verità.»*)"

*Dalla *Metallizzazione dei corpi organici.*

Il giudizio critico è di Carlo Dossi, tratto dalle pagine de La Riforma, (foglio diretto dall'amico Luigi Perelli) a cui aveva preso a collaborare negli anni della sua discesa a Roma, come segretario e cooperante di Francesco Crispi. L'ammirazione per l'amico Paolo Gorini, suo inarrivabile modello di scienziato-artista, non è mai scalfita ed è anche qui testimoniata in maniera limpida e inequivocabile. Dei versi dello Stampacchia, ci limitiamo a riportare l'incipit, rimandando il lettore che lo desideri a consultare il volume di Alberto Carli dal titolo "Paolo Gorini. La fiaba del Mago di Lodi"(2009), dove, alle pagine 127 e seguenti, potrà leggere per intero il sopracitato Carme. (12)

Alla veneranda memoria di Paolo Gorini

Perchè turbarmi:-"mi si lasci in pace"
Posar le membra logorate e stanche
Su la bara di Gèa: - Zòe m'abbandona!
L'Arte di Coo? – ben venga l'Arte, io l'amo:
E chi può dir che non mi senta Artista?
Pur, se l'umana idea oltre si estolle
A sciogliier elmo ed a snodar corazza
A la Natura che palleggia i mondi
E move i cieli e i secoli divora
E respira meteore e suda stelle;
Povera Idea! Ché a pena a pena arriva
A carezzarle le materne chiome,
Quasi vento apeliòta o, come tremula
Pecchia d'oro, a frodar di scarsi pòllini
I gigli eburnei de l'eburneo petto;
Ma ne' gelosi talami vegliati
De l'intima Protònoe unqua non giunge,
Or, se l'inizio degli applausi è ignoto,
E dov'è l'Arte che può dar la vita!...
" Che mi si lasci in pace!"- Almen non fia
Detto dal vulgo, che mai non perdona,
Ch'io, trapassando, provocai da stolto
Impari lutte.- Ormai non è più l'ora
D'un picciol David ch'un Gigante atterra
Col lapillo a la fromba! – Io penso e voglio
Morir qual vissi: adorator del foco.

E se qualcun superstite benigno
Chieda saper di me, da me l'apprenda.
Mia fede?- La ragion; speme?- Il progresso;
Caritade?- La patria; e paradiso?
-La coscienza; ed inferno? – anch'ivi ha loco;
Chè il mal'oprare affama e il ben satolla.
………….. (ecc.,ecc)

Torino, 20 febbraio 1881 *Gioacchino Stampacchia*

ATTO III

DUE INCOMPARABILI SACERDOTI

Intorno agli anni ’80 del secolo XIX, la piccola città di provincia che era Lodi, con i suoi abitanti un po’ rozzi e grossolani, spesso presi di mira per la loro semplicioneria (N.A. 380, 2538, 2550, 2551, 5573), doveva sembrare a Carlo Dossi, per altro verso, una sorta di *piccola Atene,* data la presenza di personaggi secondo lui eminenti per genio, studi e profondità di pensiero. Non solo dunque Paolo Gorini, che aveva ormai concluso la sua avventura terrena nel 1881, veniva citato e celebrato negli scritti dell’amico letterato, ma anche l’abate Luigi Anelli (13) e il sacerdote Cesare Vignati (14) trovavano menzione di consensi e lode in alcuni suoi articoli di giornale o in spunti di critica storico- letteraria, in parte poi confluiti in quella *Fricassea critica* di arte, storia e letteratura, che verrà data alle stampe nel 1906.

Con entrambi il Dossi (come del resto il Gorini) strinse una solida amicizia, che per Vignati occupò l’arco di quasi un trentennio, mentre per Anelli si limitò all’ultimo periodo della vita di questi, quando la sua parabola di storico, di moralista e d’intransigente patriota era ormai quasi interamente compiuta e prossima a concludersi definitivamente. Gli spunti di conoscenza di tali personaggi, come sempre, sono principalmente riscontrabili dalla lettura delle *Note azzurre*, dove spesso un tratto, una battuta o un aneddoto si elevano a icastico emblema degli stessi. Così di Vignati sappiamo che conosceva il Mommsen da cui, come “collega”, riceveva anche giudizi confidenziali; che mal sopportava Cesare Cantù e il suo approccio al lavoro di storico; che frequentava e aveva dimestichezza con poeti come Giuseppe Giusti, incline persino a sottoporgli alcune primizie della sua poetica creatività satirico-politica; che sapeva trattare gli amici con bonaria ironia, se è vero che a Gorini, preoccupato di non conoscere troppo bene la lingua italiana tanto da voler ricorrere al francese per la composizione dei suoi libri, semplicemente decise di offrire una grammatica italiana. Dell'abate Anelli è resa nota, dalla stessa fonte, l'apertura culturale e la molteplicità d'interessi oltre alla libera frequentazione di personaggi magari in po' discussi sotto il profilo dell'ortodossia cattolica, nonostante in lui il riferimento ad un' incrollabile fedeltà religiosa rimanga sempre indiscusso. All'Anelli il Dossi aveva in animo (N.A. 5469) di dedicare forse un capitolo del progettato libro "Visite illustri", dove il sacerdote avrebbe potuto essere presentato con lo sfondo della chiesa di San Francesco, situata assai vicina a quella che fu una delle sue dimore in Lodi (attuale via XX Settembre). Ma, nonostante il libro compaia come stampato nel catalogo delle opere dello stesso autore, e come tale presente all'interno della copertina della Fricassea, la sua realtà editoriale appare piuttosto dubbia, non essendosi avuto alcun riscontro di copie in circolazione o rimaste in pubbliche biblioteche, nonostante le accurate ricerche in merito anche da parte degli eredi del Dossi. Un'edizione criptica, insomma, o addirittura fantasma, da cui tuttavia paradossalmente sarebbe possibile rintracciare l'indicazione dei dati editoriali: *Roma, Perino, 1885, in 16°*, che si trova nel Catalogo generale della libreria italiana dall'anno 1847 a tutto il 1899, vol. I (a cura di Attilio Pagliaini).

Tra le pagine della *Fricassea,* come annota Marco Berisso nella sua pregevolissima rilettura dell'opera stessa, gli amici lodigiani trovano ampio spazio nel Parnaso del Dossi, che è *"un Parnaso tutto affettivo, all'insegna (verrebbe da dire) di una 'giovinezza' artificialmente e memorialmente prolungata negli anni, del vagheggiamento di un'età scomparsa e giudicata irrepetibile…….Cos'altro potrebbe essere altrimenti che gli fa dedicare venti pagine al pur meritorio Cesare Vignati e due sole a Theodor Mommsen (e per giunta senza far cenno alla sua opera…..)?* E' vero che la lettura delle pagine del "Codice diplomatico laudense" consentono al Dossi di sprigionare tutto il suo gusto di funambolo della parola alla ricerca di curiose etimologie, o la sua passione per antiquarie alchimie verbali, ma non può essere tutto. Nella recensione degli "Statuti vecchi di Lodi" (1884), vengono sottolineati anche l'interesse tipografico, linguistico e storico del libro, a giustificarne una così ampia trattazione. Ma, come osserva ancora il Berisso, *"è evidente che l'omaggio di Dossi è qui principalmente all'amico più che allo storico, e non solo al proprio amico ma anche, e forse anche di più, a quello dell'adorato Paolo Gorini,......di cui fu anche parente seppur alla lontana (N.A. 5543 bis). La confusione tra ragioni affettive e ragioni culturali è tale da portarlo, come spesso gli capita (è il caso clamoroso di Rovani e Gorini), a fare di Vignati un paradigma assoluto di eccellenza storica: il che può anche essere quanto alla probità del mestiere, ma certo non per quel che pertiene il livello di risultati assoluti conseguito (il nostro fu un ottimo rappresentante di quell'erudizione locale che è insieme vanto e limite della storiografia di fine Ottocento)"*. Ma forse è proprio sul modo d'intendere la storia che occorre riflettere: se per Dossi, in fondo, essa è una raccolta di aneddoti e di minute curiosità ben documentabili, tali però da innescare quella propensione al bozzetto, al racconto breve e sapido che gli è propria, allora, in un certo senso, l'opera dell'amico Cesare Vignati rappresenta quell'eccellenza, nel campo della storiografia, che ha probabilmente pochi rivali.

A Luigi Anelli, sempre nella *Fricassea*, è riservata invece un'ampia recensione di una sua pubblicazione "minore" del 1882: "Verità e amore", Ed. Vallardi, dove il Dossi si lamenta della pesantezza dello stile, dell'insopportabile ripetitività delle argomentazioni, della condanna ingiusta e sommaria dell'età contemporanea, attraverso artifici retorici spianati contro i cosiddetti gazzettieri. Ma riconosce anche all'autore dottrina, saggezza e quel purissimo amor di patria "al quale egli deve le più belle pagine della sua vita" e che qui gli ha dettato il miglior capitolo del suo volume. Con una certa sorpresa per il lettore, il pezzo si apre sul ritratto morale di due "strani" amici, che val la pena riportare per intero: *"Se mai due pensatori trovaronsi diametralmente discordi nel campo delle metafisiche, furono essi Luigi Anelli e Paolo Gorini. Il primo, sia per la predominante sua fantasia e pel genere degli studi corsi (studi in cui, disgraziatamente, non entrò mai cifra) sia per l'abito sacerdotale che gl'impacciò fin dai primordi la libertà delle gambe e che diede, per così dire, le rime obligate al suo pensiero, viveva e vive in un mondo aeriforme di verità rivelate, di anime immateriali e immortali, di affermazioni sublimi ma senza prove, pronto sempre a veder dappertutto, come primo motore e ultimo fine, un comodissimo Dio: il secondo invece, assuefatto alla matematica precisione, aborrente dal vaniloquio delle teologie, non partendosi mai – benchè vi procedesse, per la spinta del genio, a tutto vapore – dalle rotaje dello sperimento, non accoglieva che le verità umane, radicava l'anima nel corpo ossia il moto nella materia, né riparava i suoi asserti dietro i nomi convenzionali di incontrollabili enti. Pur tuttavia, rado avvenne che due persone simpatizzassero maggiormente tra loro e si stimassero mutuamente, più di Gorini e Anelli. Egli è che uguali in entrambi erano cuore e carattere; fierissimo questo, innamorato quello senza confini, dell'umanità."* Non fa meraviglia quindi pensare che, alla luce di una forte stima reciproca, anche pubblicamente dichiarata, l'Anelli probabilmente seguisse i principi e i consigli dell'amico specialmente riguardo alla pratica della cremazione, ai tempi non sempre accettata e non largamente diffusa, di cui Gorini fu uno dei grandi fautori. Ma nel testamento olografo dell'abate, letto il 20 gennaio 1890, vi è precisato: *"se la Chiesa non ha ostacolo alla cremazione della mia salma"*. E qui si apre un aspetto della figura morale dell'Anelli che merita qualche ulteriore considerazione. La sua opera storica, per alcuni aspetti monumentale, fu presa di mira soprattutto per *"La storia della Chiesa per un vecchio cattolico italiano"*, che venne condannata e conseguentemente messa all'Indice. Ma, nonostante fosse ben nota l'intransigenza e l'indisponibilità a compromessi dell'autore, immediata e totale fu la sua ritrattazione e la sottomissione ai dettami e definizioni della Santa Chiesa Cattolica Romana, di cui, nonostante le prese di posizioni polemiche del passato, sentiva *toto corde* il desiderio e l'amore di essere parte. E tutto ciò senza forzature, ma per libera decisione, senza viltà, ma per riparazione: questo appunto era l'abate irrequieto, ma non ribelle, che Dossi conosceva e stimava, senza dubbio condividendo in sostanza il giudizio dell'ammiratissimo Giuseppe Rovani: "A noi sembra che l'Anelli abbia tutte le doti principali dello storico. Uno spirito indipendente, che gli fa pronunciare liberissimi i suoi giudizi anche al cospetto di qualunque autorità. Una fede costante nel finale trionfo delle idee sulle vittorie apparenti e transitorie della fortuna e della prepotenza. Un cuore che batte sempre: propenso alla democrazia in tutte le questioni sociali. Nella religione, unica credenza nel cristianesimo primitivo e puro e povero...."

La *Fricassea* resta quindi un po' lo scrigno di un amorevole passato, dove, in un'atmosfera tra nostalgica e postuma, sono collocate le preziose memorie d'insostituibili amici; non mancano all'appello neppure i due "miti" per antonomasia della giovinezza del Dossi: Gorini e Rovani, accomunati nel piacevole bozzetto "Gorini a tavola"(1899), che fa parte, non si sa quanto a proposito, della sezione "storica" del volume, allo stesso modo per cui, abbastanza stranamente, il pezzo sopra citato su Anelli fa parte della sezione "letteraria". L'ultima pubblicazione del Dossi assume, sempre secondo Berisso, *"la stessa funzione del Portico dell'Amicizia, una funzione celebrativa prima ancora (se non, addirittura, piuttosto) che critica....."*, ribadita in un certo senso da Dante Isella, che segnala, nell'impostazione tipografica del volume *"un aspetto che definiremmo lapidario, intonato alle candide colonne del Portico dell'amicizia e alle loro epigrafi"*.

E proprio negli aerei spazi del porticato del Dosso Pisani, su un'epigrafe che li accoppia nell'affettuoso ricordo del Dossi, è data in sintesi la ragione di un'amicizia pura e veramente senza macchia:

CESARE VIGNATI e LUIGI ANELLI
(1871 – 1900) (1882 – 1890)
AMBEDUE SACERDOTI
NON SOLO DI DIO MA DELLA PATRIA,
AMBEDUE STORICI ESIMI;
ANELLI NELLA CRONOLOGIA DELLE IDEE,
VIGNATI IN QUELLA DEI FATTI:
MA L'UNO E L'ALTRO EGUALMENTE DEVOTI
ALLA VERITA'
E INCOMPARABILI PER LA DIGNITA' DELLA VITA

ATTO UNICO (FINALE) (15)

PERSONAGGI

Paolo Gorini, scienziato lodigiano
Luigi Anelli, abate e patriota
Cesare Vignati, sacerdote e storico
Carlo Dossi, scrittore e diplomatico
Adelaide, sorella di Paolo

Interno della casa di Paolo Gorini a Lodi. L'azione si svolge intorno agli anni Ottanta del secolo XIX , in una stanza poco illuminata, poveramente arredata e con poche suppellettili. Il centro della scena è occupato da un grande tavolo attorno al quale stanno seduti gli amici lodigiani di Carlo Dossi, che conversano tranquillamente tra loro. Sulla parete in fondo, dove campeggia un pesante armadio, attraverso una finestra si intravvede un giardino abbastanza rigoglioso, con alberi da frutta e verdure in abbondanza. Sul lato sinistro sta la porta d'ingresso, mentre su quello opposto si apre una porticina che introduce alle altre stanze, adibite a laboratorio dello scienziato.

GORINI: Ma che bella occasione quella di poter ospitare nella mia modesta casa tre amici a me tanto cari! Voi vi conoscete tutti per fama, ma di persona non avete avuto spesso occasione di parlarvi e soprattutto....di fare amicizia.

VIGNATI: E' vero, e ciò vale perlopiù per il qui presente abate Anelli, che ha avuto una vita abbastanza movimentata e che per varie ragioni, soprattutto politiche, ha dovuto spostarsi parecchio in giro per il mondo. Il nostro Dossi, poi, da quando ha incarichi diplomatici a Roma, si è sempre fatto vedere di meno a Lodi e quindi le occasioni d'incontro sono state piuttosto rare. Diverso è per noi, Paolo, che abbiamo una frequentazione abbastanza assidua e …che, come ben sai, siamo anche un po' parenti.

GORINI: (annuisce) Certamente, noi ci vediamo più spesso, e tu sei anche uno tra i miei consiglieri più fidati.

VIGNATI: Ma solo per alcuni settori particolari; non certo rispetto ai tuoi preparati anatomici o ai tuoi esperimenti col fuoco, la carbonella e i vulcanetti artificiali.

GORINI: No, certo non per queste cose materiali; tu sei per quelle dello spirito. Sai bene che io, pur non essendo ateo, non sento la necessità di avere un direttore spirituale. Ma se mai un giorno ne avessi bisogno, senza dubbio cercherei di avere te come figura di riferimento.

DOSSI: Non avevo dubbi. Il nostro abate Anelli per te sarebbe forse un consigliere troppo severo, soprattutto nei confronti delle tue amabili trasgressioni a favore del gentil sesso. Non è vero, Paolo?...

GORINI: (abbozzando un sorriso e schermendosi) Quelle poi…. Acqua passata ormai! A proposito: gradite qualcosa per ristorarvi? Vi andrebbe un bicchiere d'acqua fresca? (i presenti si guardano tra loro e sorridendo annuiscono) Adelaide, ascolta! Per favore ci potresti portare una caraffa d'acqua con quattro bicchieri?

ADELAIDE: (comparendo sulla porta che dà sulle stanze interne) Paolo, ma sei sicuro che i signori non gradiscano qualche cosa di un po' più gustoso?

GORINI: Ma cosa c'è di meglio e di più naturale dell'acqua? E se anche preferissero dell'*acqua rossa*, sai bene che in casa non ne tengo.

ANELLI: Va bene così; noi stiamo con Pindaro e diciamo: "Ottima è l'acqua!"

(Adelaide si allontana per soddisfare la richiesta)

DOSSI: Ricordi, Paolo, quell'incontro occasionale che avesti tempo fa con il grande Rovani? Sarà passata una decina d'anni, in un'osteria fuori di Porta Ticinese, me lo ricordo ancora bene; c'era anche il Perelli. Voi arrivaste quando la rumorosa brigata di Rovani era già a tavola, nel bel mezzo di un pranzo. Tu ti sistemasti in un angolo, proprio all'estremità della tavola e chiedesti appunto che ti portassero semplicemente dell'acqua. Ma la tua presenza fu notata dall'incomparabile autore dei *Cento anni,* che pensò di venire ad omaggiarti reggendo in mano un calice di vino spumeggiante in offerta ai meriti del grande propugnatore della geologia sperimentale. Inutilmente tu, Paolo, cercasti di nasconderti dietro la caraffa e il bicchiere, che avrebbero dovuto farti da schermo e scudo. Fu una mitica battaglia tra la bieca acqua e il vino generoso, ma anche tra i vostri incredibili sguardi: fiammeggianti i suoi, alterati già in parte dall'ebbrezza alcolica; timidi i tuoi, raggianti da due occhietti vivaci, che si facevano però sempre più piccoli nel tentativo di sparire proprio del tutto. Un vero spasso!

VIGNATI: (Ridendo) Davvero una scena che non mi sarei dovuto perdere.

ANELLI: *Oh, gran bontà de cavallieri antiqui!* Lo stoico Gorini che si dà la pena di rintuzzare l'epicureo Rovani a suon di oneste bevande. Davvero una bella schermaglia!

DOSSI: (rivolgendosi al Gorini) Eppure quegli occhi così mobili e vivaci dovevi qualche anno più tardi trovarteli spenti sotto l'immobile velo delle palpebre, quando fosti richiesto di pietrificare la salma di quel Genio. Uno strano caso davvero.

GORINI: Certamente, ricordo. Per lui il lavoro mi riuscì meglio che per Giuseppe Mazzini, perché il suo stato di conservazione era di gran lunga migliore e senza dubbio più adatto all'esecuzione del mio metodo. Per l'altro, per varie ragioni, fui interpellato troppo in ritardo, quando sul cadavere già si erano evidenziati i segni iniziali della decomposizione.

ANELLI: (quasi riflettendo tra sé) Il corpo è un involucro tanto fragile e deteriorabile. Nessuno può arrestarne la disgregazione, anche se il nostro Gorini ce la mette proprio tutta a conferire una specie di eternità a quella materia che è l'oggetto dei suoi esperimenti. Ma noi siamo polvere e ritornare polvere è il nostro destino: per questo per le salme non sono contrario all'azione purificatrice del fuoco che può ridurre allo stato elementare la nostra carcassa umana - cenere o polvere che sia - in attesa di quella resurrezione della carne alla quale, per fede, fermamente crediamo. E anche per Mazzini sono convinto che la corruzione del corpo non si debba ritenere una gran perdita, se rimane viva la sua grande anima, quello spirito generoso e incorruttibile che lo ha animato in tutte le sue battaglie per la giustizia e il progresso del popolo, alla luce di quegli ideali patriottici e repubblicani che per lui non sono mai venuti meno.

(Tutti annuiscono, mentre rientra in scena Adelaide con la caraffa dell'acqua, i bicchieri e un cestino pieno di ciliegie)

ADELAIDE: Ecco l'acqua. Mi sono permessa di unirci delle ciliegie dell'albero del nostro orto: quest'anno ne ha fatte un sacco.

VIGNATI: *Oh, le bèle sirése!* (ne prende e ne assaggia una)..... *Bèle e anca bune.* (anche gli altri si servono)

DOSSI: Il vostro orto è una meraviglia di sapori e di aromi, il trionfo di una verdura lussureggiante. Sai, Paolo, che la gente va dicendo che è così, proprio perché viene concimato continuamente dagli scarti dei tuoi esperimenti anatomici? Così la terra si ingrassa!

ADELAIDE: Se è per quello, la gente ne dice tante, di cose. A me è capitato di sentire che qualcuno è convinto che qui in casa a servire ci sia una specie di mummia, vestita di tutto punto con la livrea del maggiordomo, agli ordini di mio fratello. *Rob de matt!*

DOSSI: Cara signorina Adelaide, certamente la gente parla spesso a sproposito, però suo fratello un po' originale lo è, e per la verità non fa proprio nulla per togliersi di dosso questa nomea.

ADELAIDE: *Ma lù l'è insì: l'è propi bon.* Anche se sta spesso con i morti – e dice pure di starci bene - ama tanto tutti gli esseri viventi, sia le piante che soprattutto gli animali, e di tutti i tipi.

DOSSI: Certamente, va bene per i gatti e per i cani, ma lui fa amicizia anche con i passeri, i topi, le bisce e altra roba del genere: capirà che la cosa può anche fare una certa impressione a noi comuni mortali.

GORINI: Ma no! Sono così simpatici. Quando ero studente a Pavia avevo un topino che, mentre al tavolino facevo i miei compiti, mi si arrampicava sulla manica e mi sbocconcellava una penna d'oca con cui stavo scrivendo. Qui a casa, invece, devo stare molto attento che i topi non facciano scempio dei materiali umani che devo trattare: per questo cerco di saziarli in anticipo con briciole di pane che mi procuro un po' tutti i giorni. Così con pochi soldi riesco a preservare i preziosi corpi per i miei esperimenti.

VIGNATI: Sei proprio una bella *sàgoma.* E a tenere magari un bel gatto che si occupi dell'"ordine pubblico" della tua casa, non ci hai mai pensato?

GORINI: Sì, un tempo avevo due gatti: Oreste e Pilade.

ADELAIDE: Ah, che cari! A quelli mancava solo la parola, credetemi. Erano proprio amici e non si facevano mai i dispetti; anzi, con la linguetta si lavavano il muso l'uno con l'altro, e quando Pilade aveva finito di mangiare dalla sua ciotola, non toccava mai quella di Oreste, anche se questo si trovava da un'altra parte e non era in grado di proteggere la sua porzione di cibo. Un rispetto reciproco, che neanche gli uomini....

GORINI: Dalle bestie c'è tanto da imparare. Mi piacerebbe, un giorno o l'altro, scrivere magari un opuscoletto che descriva le loro caratteristiche, le loro abitudini e le loro mutue relazioni; ma chissà se verrà mai quel giorno.

DOSSI: Faresti bene a impegnarti proprio in un lavoro come questo; e andrebbe ad aggiungersi alla tua produzione scientifico-letteraria, che ormai non è cosa da poco. Del resto le opere di uno scienziato o di un letterato sono un po' come i propri figli, spesso diversi uno dall'altro, che ci danno tanto piacere e fatica nel concepirli e poi tante preoccupazioni nel vederli oggetto di una diffusa considerazione. I libri poi, come del resto i figli, prima ci costano davvero tanto sudore e sangue, ma spesso in vecchiaia sono in grado di nutrire e sostenere i loro genitori, sempre che siano *buoni libri.*

VIGNATI: Riguardo a questo, non sono troppo sicuro che sia così, visto che i libri, come del resto i *carmina,....non dant panem,* come tutti ben sappiamo.

ANELLI: E ciò vale soprattutto per chi cerca di scrivere opere serie, frutto di competenza e di una lunga e sofferta meditazione, senza per forza doversi prostituire al gusto corrente che spesso è piatto e volgare. Ma cercare di infiammare gli animi, piuttosto che vellicarli bassamente, nella maggior parte dei casi non paga. Anche nel nostro campo, caro Vignati, imperano i gazzettieri, mentre i veri storici si contano sulle dita di una sola mano. Non è vero?

VIGNATI: Parole sante! (anche gli altri concordano con cenni del capo)

ADELAIDE: (con qualche esitazione) Con permesso, se non vi spiace io torno in cucina a preparare un po' di manzo bollito per il mio Paolo. A lui basta quello per tutta la giornata; mangia così poco! (esce dalla porta che dà sulle stanze interne)

DOSSI: (rivolgendosi scherzosamente a Gorini) Più che una sorella, Adelaide mi sembra la tua infermiera personale, sempre attenta e preoccupata com'è per la tua salute.

GORINI: Effettivamente è così, e forse non ha tutti i torti a preoccuparsene, dato che negli ultimi tempi, quanto a salute, ho lasciato un po' a desiderare; prima una brutta infezione polmonare mi ha portato quasi in punto di morte, tanto che posso dire di essermela cavata solo per il proverbiale rotto della cuffia; poi, qualche disturbo digestivo mi provoca spesso crampi, anche se introduco solo poco cibo e del tutto assimilabile. In realtà ho sempre abituato il mio stomaco a lavorare quando io potevo godere di un attimo di riposo, e a riposare quando io ero tutto preso dal mio lavoro, ma ora forse è venuto il momento di dare una regola un po' più di *normalità* a questo aspetto della vita.

DOSSI: Devi proprio cercare di cambiare le tue abitudini alimentari; altrimenti rischierai di morire d'inanizione, per nutrire i tuoi studi.

VIGNATI: Per questo possiamo farci ben poco, tanto i nostri studi sono importanti per noi. Effettivamente, per alcuni aspetti, essi sono veramente tutta la nostra vita e non esiste fatica, sonno, privazioni, disagi che possano toglierci la gioia di un approfondimento sulla via della ricerca e della conoscenza. La conquista della verità, per lo studioso, diventa un assillo ed è fatta dalla somma di tante piccole verità che andiamo scoprendo giorno per giorno, ragionando su quei documenti e su quei fatti attraverso i quali la Natura, la Storia e la Scienza ci forniscono i loro insegnamenti. Insomma, *"Observatio et ratio!"*: è questa la nostra via maestra.

DOSSI: Ma non vale per tutti, lo sai bene. Anche qualche nostro "conoscente" non lavora per la verità proprio con il rigore necessario.

VIGNATI: Ti riferisci forse a quel bel tipo del Cantù Cesare, che il Mommsen chiama "quel ciarlatano".

DOSSI: (annuendo) Per l'appunto! E visto che siamo in tema di *maldicenze,* lasciatemi dire che non sopporto neppure quei parrucconi di Professori universitari che, quasi fossero gli unici depositari del Vero, si atteggiano a giudici sprezzanti di chiunque persegua vie inesplorate tese a svelare i molteplici segreti che la natura gelosamente custodisce. Se uno come il Gorini, con lo studio, con la pazienza, con la tenacia e con l'intelligenza che gli è propria, riesce a crearsi una breccia sollevando il velo che impedisce la conoscenza di tanti fenomeni naturali per poterne infine dare contezza circa le cause, ecco che questi signori -autentici tromboni stonati e palloni gonfiati di boria e d'invidia- arricciano il naso, atteggiano la bocca a una smorfia di disgusto, si scambiano sorrisetti d'intesa e di compatimento perché un *homo novus,* cioè un neofita magari di genio, ha osato scalfire la torre d'avorio della loro inarrivabile Scienza, in verità solamente luogo polveroso di muffa accademica. E purtroppo non sono i soli! Quanto malessere, quanto disgusto ho provato nel frequentare certi salotti cosiddetti *buoni* della Capitale! Dove tra gente che si ritiene di una cultura superiore, propensa a dar credito ai peggiori asini che pascolino tra i prati della scienza o dell'arte –tutti da giubilare, assieme ai loro ragli!- non senti mai pronunciare con la dovuta considerazione il nome di un Rovani, di un Gorini o di un Tranquillo Cremona- per tacere dei qui presenti reverendissimi-(accenna con la mano ai due sacerdoti), quasi fossero tutti merce di scarto, di cui non vale la pena fare il minimo conto. Anzi, se dovesse capitare che qualcuno li nomini, si degnano di alzare il sopracciglio con aria di grande sufficienza e subito cambiano discorso.

GORINI: Lascia perdere, amico mio, non amareggiarti. Quello che conta non è il giudizio degli altri, ma quello che ci indica la nostra coscienza, in grado di dirci con chiarezza se il nostro lavoro è valido, onesto e ben fatto: quindi, se ci troviamo a percorrere la strada giusta, oppure no. Tutto il resto -soldi, giudizi, riconoscimenti- conta veramente poco al confronto.

ANELLI: Verissimo. La nostra coscienza è la nostra vera stella polare, che senza equivoci ci mostra le scelte giuste. Non dobbiamo tralignare né volgere lo sguardo altrove per cercare consensi che poi lasciano il tempo che trovano; quando siamo in pace con noi stessi e convinti della bontà delle nostre idee e delle nostre risoluzioni, nulla ci deve fermare nel cercare di metterle in pratica, secondo criteri di giustizia, verità e amore per Dio e per il prossimo, soprattutto quando si tratta di elevare la condizione dei più umili e dei più sfortunati. Dei giudizi dei Soloni di turno, invece, proprio non ci dobbiamo minimamente curare.

VIGNATI: Alla fine ha senso solo cercare di ottenere la lode da persone di valore oppure buone critiche da autori meritevoli....

GORINI: ...come per esempio il qui presente Dossi, che in numerosi suoi libri ha avuto la bontà di citare il sottoscritto, magari anche solo con un breve cenno.

DOSSI: Ma solo perché te lo meritavi, non per altro. Ero convinto del tuo valore già nelle mie prime prove sulle pagine della Palestra Letteraria, Artistica, Scientifica – credo che fosse il 1868 – e poi anche di seguito nelle *Goccie d'inchiostro*, nel *Campionario*, nella *Desinenza in A* e così via. Sai bene che il mio apprezzamento per te non è mai venuto meno nel corso degli anni.

GORINI: Lo so bene e te ne ringrazio. Si capisce che sono destinato a piacere più ai letterati che agli scienziati, e in fondo ciò non mi dispiace.

DOSSI: Sarà merito della tua prosa, così limpida, lineare ed elegante, che sembra rendere semplici anche concetti che a pelle potrebbero sembrare un po' astrusi. Non potrei dire lo stesso (non me ne voglia, però, l'interessato), di quella del nostro abate Anelli, sicuramente densa e vibrante, ma un tantino grave e verbosa, anche quando esortazione o indignazione dovrebbero forse dettare ritmi più serrati.

ANELLI: Lo riconosco; però lo stile è frutto certamente di temperamento e di qualità individuali, ma anche, e soprattutto, di un retroterra culturale che ciascuno di noi si è creato nel tempo e che finisce per influenzare i nostri pensieri e la loro formulazione. La mia formazione e i miei studi non sono gli stessi di quelli dell'amico Gorini e le vicende della mia vita sono sicuramente molto diverse dalle sue: di tutto questo certamente risente il modo di scrivere.

GORINI: Eppure in molte circostanze delle nostre vite, amico mio, ci siamo trovati proprio fianco a fianco e abbiamo vissuto esperienze simili e condivise; come nei giorni del 1848, quando eravamo nella più stretta convivenza, entrambi preoccupati per le sorti della patria in pericolo, e solo per miracolo abbiamo potuto uscirne vivi.

DOSSI: Per questo, stile a parte, ogni pagina dell'Anelli dovrebbe essere letta con la devozione e il rispetto che meriterebbe un testo sacro. Dovremmo infatti ripetere con Alessandro Manzoni il giudizio che diede su Settembrini, quando questo superficialissimo critico si permise di giudicare la qualità del suo famoso capolavoro: "Chi per amore di patria vide dappresso il patibolo, può dire tutto ciò che vuole". Anche il nostro abate non ha mai cessato di essere un grande patriota già a partire dall'agosto di quel 1848, quando, membro della Consulta Lombarda, mentre tutti gli altri suoi colleghi, veri codardi, se la squagliarono in fretta, solo con il Litta rimase al proprio posto. Ed è questo amore di patria che gli ha dettato le pagine più belle della sua vita ed anche le migliori tra quelle delle sue opere. L'Italia deve molto a questo uomo che a tutti quanti ricorda la povertà, la fierezza e il cuore di un altro grande abate: Giuseppe Parini.

ANELLI: Questa poi! Non mi pare proprio di esserne degno.

GORINI: Ma lo sei, invece, come degno di onore e di considerazione dovrebbe essere il qui presente Cesare Vignati per la nostra Lodi, a cui ha dedicato tante fatiche e tante energie intellettuali.

VIGNATI: La storia è la mia passione e ciò vale anche per quella della mia piccola patria, cioè Lodi. Oramai le storie universali che partivano da Adamo ed Eva, sviluppandosi fino ai nostri giorni tra narrazioni frammischiate di realtà e ricostruzioni un po' fantasiose, hanno fatto il loro tempo. Oggi lo studioso deve cercare di argomentare solo sui documenti di cui dispone, per esserseli procurati o per averli potuti consultare in modo diretto.

DOSSI: Infatti, superato definitivamente il ruolo degli storici-*omnibus*, "copisti" e "incollatori" a cui bastava un paio di forbici e un po' di colla per fabbricare le vicende dell'umanità intera, oggi è già tanto se chi ha studi e coscienza riesce a tessere la cronaca del proprio municipio. Si riscoprono i dettagli e si riscrive la storia su dati certi, non sulle ali della fantasia; ma ciò implica sacrifici e rinunce, dal momento che le indagini necessarie non permettono di allontanarsi dai musei e dagli archivi di riferimento e spesso le stesse devono essere affrontate anche con esborsi personali non indifferenti. Non è così, caro Vignati?

VIGNATI: E' proprio così, anche se -come ho detto- fatiche, meditazioni e spese non restano senza frutto, quando alla fine riusciamo a concludere in bellezza il nostro lavoro.

DOSSI: Lavoro da certosino, veramente, soprattutto perché anche nel tuo recente *Laus Pompeia* hai voluto riprodurre fedelmente i documenti originali nella loro ingenua ortografia, sintassi e punteggiatura, usando le stesse parole errate, le gravissime discordanze e i barbarismi contenuti nei testi, allo scopo di non allontanarti dalle espressioni della cultura e della vita civile del tempo che hai descritto. Dovremmo davvero augurare a molte città d'Italia la fortuna, toccata a Lodi, di avere, tra i propri figli, amorosi ricercatori di patrie memorie come il Vignati.

VIGNATI: Non sarò io il primo né, spero,…l'ultimo.

DOSSI: Ma tu non solo sei lo studioso che hai scritto la storia della tua città; tu sei anche quello che gliel'ha, almeno in parte, scoperta. Questo è il fatto nuovo.

VIGNATI: (riflettendo….) In tal senso, può essere vero.

DOSSI: Certamente. Nonostante la tua modestia, non puoi negare che l'impegno di ricercare, discernere, mettere in ordine e infine pubblicare una tale mole di documenti autografi, non è stata certo per te un'impresa di poco conto. Per far questo, so per certo che devi aver mangiato la polvere di tutte le biblioteche lombarde, quasi rimettendoci gli occhi su scritture perlopiù indecifrabili, affaticandoti la mano per trascrivere e la testa per riassumere in modo fedele una quantità incredibile di diplomi dimenticati.

VIGNATI: In realtà è così, anch'io per portare avanti i miei studi, un po' ci ho rimesso in salute. Forse non proprio come il nostro caro Paolo, che per lo stesso motivo ogni giorno, tra rinunce e privazioni, di aspetto si sta riducendo a quello di un eremita del deserto,…….ma….veramente.

DOSSI: E tu, come lui, ti affatichi e ti spendi a vantaggio degli altri: sei come un onesto cuoco, che nell'offrirci un saporitissimo *consommé,* ci fai mostra della carne di qualità da cui l'hai estratto. Non sei come gli altri (non dico storiografi, ma *storiellografi*) che invece sono solo cucinieri improvvisati e sfrontati, che si guardano bene dall'indicarci i componenti della loro tiepida brodaglia. Di Paolo, poi, non saprei proprio che cosa aggiungere, se non ribadire tutto il bene che di lui ho sempre detto in ogni occasione. Vorrei solo sapere, dalla sua viva voce, che cosa dobbiamo aspettarci da lui per il futuro prossimo -visto che fermo non è proprio capace di stare- e che cosa ci riserverà ancora la sua inesauribile felicità d'ingegno.

GORINI: Che dovrei dirvi? Io la mia vita ormai l'ho vissuta e non mi resta che attendere l'incontro con la silenziosa amica che porrà fine ai nostri giorni. Questo appuntamento inevitabile però non mi turba e vi sono preparato con animo sereno. Con la mia recente realizzazione di un crematoio *lodigiano*, pensavo di aver concluso in modo definitivo la mia esistenza; e già, dopo tanti pensieri e tante fatiche, cominciavo a pregustare gli effetti di un lunghissimo riposo, senza più pensieri fastidiosi. Ma mi è difficile lasciare priva di qualsiasi sostegno la mia carissima Adelaide, a cui sono molto affezionato e debitore di infinite attenzioni, soprattutto negli ultimi anni. Che ne sarà di lei? Chi se ne prenderà cura? Mi dispiace anche per quei lavori che non sono riuscito a portare a termine e a concludere con almeno una pubblicazione. Agli uomini che verranno, auguro di completare la mia opera, di modo che, dopo la gioia di aver visto la nascita della loro patria ormai unita e libera, possano anche vedere nuove realizzazioni sempre più utili al progresso dell'umanità, al fine di perseguire l'affratellamento dei popoli e l'abolizione della miseria.

ANELLI: Eppure, di tutto quello che hai realizzato nella tua vita, - vale a dire i tuoi complessi studi matematici, la conservazione *sine die* della materia organica, le dimostrazioni di geologia sperimentale, la cremazione dei cadaveri-, dovresti dare un resoconto preciso, utile per le future generazioni e a tua futura memoria.

GORINI: Un po' ci stavo pensando, dal momento che mi ero messo a buttar giù una mia veloce Autobiografia, anche per evitare tante illazioni e tante inesattezze che potessero riguardarmi. Ma non so se mi basterà il tempo; se mai, non potendo io, ci penserà il nostro Dossi a concluderla, lui che è un tipo dalla penna facile, a cui non mancano né gli argomenti, né la conoscenza dei fatti, anche i più riservati, del sottoscritto *(mentre gli amici stanno conversando tra loro, lentamente la luce del pomeriggio estivo dalla finestra viene a convergere soprattutto sulla figura di Gorini, lasciando gli altri un po' in una zona d'ombra. Quasi riflettendo tra sé, lo scienziato lodigiano prosegue a riepilogare la sua vita...)*...Sono nato a Pavia il 28 gennaio del 1813.....

ANELLI: Quindi siamo coetanei, anche se io non sono pavese, ma nato a Lodi.

VIGNATI: Io, invece, sono un po' più giovane di voi, dato che sono del 1814. Il nostro Dossi, poi, rispetto a noi è un ragazzino proprio di un'altra generazione, essendo, se non mi sbaglio, del 1849.

(Dossi conferma con un cenno del capo)

GORINI: *(proseguendo nella sua ricognizione della memoria)* Da bambino, con la mia famiglia abitavo nell'ex convento di San Francesco di Paola, che dava sulla piazza di quel Collegio Ghislieri dove verso i 15 anni entrai come alunno, rimanendovi per circa un triennio fino al conseguimento della laurea in Matematica, nel 1832. Subito dopo ottenni la cattedra di Fisica presso il Liceo comunale di Lodi, dove rimasi per oltre vent'anni, appassionandomi all'insegnamento e cercando d'infondere nell'animo dei miei studenti quegli ideali patriottici che sempre hanno dimostrato poi di condividere e di onorare in tutte le battaglie per l'Indipendenza a cui hanno partecipato. Nei miei primi anni lodigiani, mi dedicai interamente a studi di matematica pura – quasi tutti rimasti inediti – mentre verso i trent'anni cominciai a preoccuparmi soprattutto di sviluppare un metodo da me scoperto per conservare e mantenere nel tempo le sostanze animali. Furono anni di febbrile attività, in cui fui invitato a presentare i risultati dei miei studi sia in Italia che all'estero, avvalendomi peraltro dei buoni uffici della principessa di Belgioioso, che sempre mi ha incoraggiato e sostenuto nelle mie ricerche. Il tempo della mia vita in cui meno mi sono dedicato a lavori scientifici sono stati i quattro mesi di libertà goduta nel 1848: in quel periodo ben altri erano i miei interessi e la guerra in atto contro gli Austro-ungarici ci imponeva decisioni estreme. Così pensai ad un sistema di difesa che consisteva nel poter accendere delle cariche di polvere pirica ad una qualunque distanza, per mezzo di un filo telegrafico, al fine di poter fermare i nostri nemici invasori. Il Comitato di difesa lo accolse come ultimo baluardo di salvezza, ma poi, nella gran confusione del momento, non se ne fece niente.

ANELLI: Ma certo, carissimo, me ne ricordo bene; e sai che sono stato tra i pochi ad averne fatto cenno, proprio nella mia *Storia d'Italia -dal 1814 al 1863-,* quando la difesa di Milano in quei giorni era proprio legata ad un filo: il filo telegrafico del Gorini che -novello Galileo dei giorni nostri- avrebbe dovuto azionare le mine poste un po' dappertutto sulle strade d'accesso alla città, su cui avrebbero dovuto saltare in aria le avanguardie nemiche. Ma forse mancò il tempo necessario all'impresa.....

GORINI: Comunque sia, una volta ritornata la Lombardia agli Austriaci, iniziai i miei studi di geologia sperimentale, che da allora non ho più abbandonato e che mi diedero l'occasione di fare una serie di dimostrazioni pratiche nelle città e nelle sedi più disparate sia d'Italia che d'Europa, suscitando grandi entusiasmi tra pubblico e colleghi, ma anche non poche critiche, per me solo malevole, di alcuni illustri cultori della materia. Decisi per qualche tempo di starmene zitto e tranquillo, un po' in disparte; anche se non posso dimenticare le visite, in quel periodo, del ministro Cibrario e del generale Garibaldi, che mi gratificarono con il loro solerte incoraggiamento e mi spronarono nel mio lavoro con vari attestati di stima. Lo stesso Garibaldi mi propose, tramite il suo segretario Bellazzi, un finanziamento per un viaggio in Italia allo scopo di studiare i vulcani e di completare così un'opera che avevo in corso. Ma fu il ministro Natoli che mi conferì l'incarico di visitare i vari vulcani d'Italia, a spese del Governo, con l'intento di averne una dettagliata relazione.

DOSSI: Fu in quella occasione che le tue richieste di rimborso spese di pochi centesimi giornalieri per vitto, alloggio e vestiario si rivelarono così irrisorie, da diventare una specie di barzelletta tra i nostri deputati....

GORINI: Sia pure.... Fatto sta che, dopo il mio ritorno, il ministro Natoli diede le dimissioni e i suoi successori non ebbero la sua stessa benevolenza verso di me. Se i miei studi geologici poterono continuare a progredire, devo questa fortuna solo all'affettuosa sollecitudine del conte Cibrario, che non perse mai occasione per potermi dare soccorso e giovamento in ogni circostanza. Fra le pubbliche dimostrazioni sperimentali di geologia date in quel periodo, mi piace ricordare quella effettuata presso l'Istituto tecnico superiore di Milano, diretto dal mio amico senatore Brioschi, che all'inaugurazione vide la presenza di Alessandro Manzoni e alla chiusura quella del principe Umberto con la principessa Margherita. Fu un grande successo di pubblico con commenti giornalistici assai favorevoli; tuttavia ancora una volta i geologi tradizionalisti e il mondo accademico mi chiusero la porta in faccia, sbarrando in pratica la strada ad una più larga divulgazione dei miei esperimenti.

VIGNATI: Amico mio, siamo alle solite: nulla di nuovo sotto il sole!

GORINI: Certo che se non fosse stato per l'aiuto anche economico di amici provati, come il giovane Perelli, che aprì una sottoscrizione a favore dei miei esperimenti....

DOSSI: Luigi Perelli appunto, l'amico mio di una vita, di una generosità davvero senza limiti.

GORINI:..... o il deputato Bertani, che oltre a condividere con me l'esperienza unica della *pietrificazione* di Mazzini, ha sempre cercato di aiutarmi in ogni modo che gli è stato possibile: prima, cercando di farmi avere un ingente premio per la cessione allo Stato del mio metodo segreto per la conservazione dei corpi, poi, impegnandosi perché ottenessi una cattedra di geologia sperimentale. Gli sono grato, anche se poi non se ne fece nulla e io stesso dovetti ingegnarmi per procurarmi le risorse idonee ad andare avanti con il mio lavoro. Anche il cavalier Ottolenghi mi ha fatto a suo tempo una generosa elargizione, che mi ha grandemente giovato, e poi anche altri...

VIGNATI: Mette tristezza però pensare alla così scarsa riconoscenza dei nostri connazionali per chi ha speso la propria vita per la ricerca scientifica e per il miglioramento almeno di alcuni aspetti delle condizioni dei propri simili.

GORINI: Che ti devo dire? Ormai per me è tempo di bilanci e di,,,..ultime volontà (alzando la voce per farsi sentire dalla sorella) Adelaide! (la sorella compare sulla porta) Scusami Adelaide, potresti portarmi quella busta che ti ho dato tempo fa da conservare?

ADELAIDE: Quella che mi avevi consegnato, raccomandandomi di aprirla solo dopo la tua morte? Paolo, mi fai preoccupare.

GORINI: Tranquilla, Adelaide; mi serve solo perché devo dare qualche informazione ai miei amici. Non c'è nulla di grave. (Adelaide si allontana e poco dopo ritorna con la busta, che consegna al fratello prima di rientrare nelle sue stanze) Cari amici, era da tempo che volevo parlarvene: come vi ho detto, non è molto tempo che una fierissima polmonite mi ridusse in fin di vita e che a stento riuscii a scamparla. Fu allora che decisi di fare testamento, disponendo che i miei pochissimi beni materiali fossero destinati tutti alla mia amatissima sorella Adelaide. Riguardo ai miei ritrovati e ai miei scritti, invece, pensavo di affidare il loro sfruttamento ad un Comitato di sette persone, tra cui, oltre naturalmente a voi tre (indica uno per uno i presenti), dovrebbero figurare anche i miei cari benefattori Bertani e Ottolenghi, il deputato Basetti di Parma e il mio medico personale dottor Rovida. (aprendo la busta, comincia a leggere alcuni passi del suo testamento olografo) "*Tutti i manoscritti saranno consegnati da mia sorella Adelaide al Comitato composto dalle nominate persone, il quale eserciterà sovr'essi tutti i diritti che a me spettavano come autore dei medesimi, e come inventore dei processi che vi si troveranno descritti........ L'incarico principalissimo del comitato è quello di occuparsi a far fruttare le mie invenzioni.....*" Naturalmente penso che inizialmente saranno più le spese che i guadagni; ma, una volta avviata la cosa, i profitti potrebbero arrivare e dovrebbero quindi essere suddivisi per una metà ad Adelaide e futuri eredi, e per l'altra metà al comitato che deciderà in piena autonomia come utilizzarli. (riprende a leggere il documento) "*I miei manoscritti, dopo che avranno servito a fornire ai membri del Comitato le notizie che li potessero interessare, saranno depositati presso il Municipio di Lodi, al quale ne lascio la proprietà........Lascio anche al Municipio di Lodi tanto la collezione dei pezzi cadaverici da me conservati, quanto la collezione dei pezzi di geologia sperimentale da me prodotti........Altre raccomandazioni devo fare per la collezione dei pezzi cadaverici.....*

(A questo punto Gorini, la cui voce si fa sempre più fioca, legge quella parte del suo testamento: "*Nessuno di questi pezzi fu preparato espressamente perché figurasse in una collezione; tutti furono preparati a titolo di studio in modi diversi e con risultati diversi. Quelli ch'io preparai per studiare in quanto tempo si consumino da sé e in qual modo, bisogna sepelirli. Vi sono nella moltitudine altri pezzi mal riusciti ed anche un po' puzzolenti. Io li tenni perché mi interessava di studiare in quanto tempo avrebbero finito di mandare odore e poi perché era in mio potere con una semplicissima operazione di togliere ad essi ogni traccia di odore. Sarà bene che vengano sepeliti anche questi. Dei rimanenti bisognerà fare una grande distinzione; scegliere quei pochissimi che non hanno difetti, come ad esempio la testa del contadino preparata nel 1854, ed altre che sono curiosità interessanti come i pezzi di mammella vaccina lavorati al torno, e la tabacchiera fatta della stessa materia. Vi sono alcuni pezzi recentissimi che sarebbero riusciti assai belli se avessi avuto il tempo di portarli a compimento; così non so in quale categoria debbano essere classificati. Questi pezzi belli e curiosi possono essere esposti al pubblico, mentre tutti gli altri che pur sarà bene il conservare perché ciascuno rappresenta uno studio ed ha la sua storia scritta nel protocollo dei morti, non devono essere esposti al pubblico, ma soltanto lasciati esaminare agli uomini della scienza che ne facessero richiesta e specialmente poi ai membri del Comitato. Né sarebbe bene valersene per farne dono a privati o ad istituti scientifici, perché la loro imperfezione screditerebbe un processo che è il solo il quale abbia risolto sul serio il problema dell'imbalsamazione...."* fino a che, a un certo punto, non si riescono più a distinguere le parole né il loro senso , mentre le ombre della sera riempiono progressivamente la stanza. Dalla finestra aperta si sente in lontananza un suono di pianoforte, che finisce per sovrastare ogni altro brusio di conversazione….)

Sipario

EPILOGO

(dopo che si è fatto buio completo, una forte luce diretta sul proscenio illumina la figura del solo Paolo Gorini, che appare più stanco ed invecchiato, con il respiro leggermente affannato, mentre a fatica si trascina su una sedia, stringendo tra le mani alcuni fogli. E' il 29 gennaio 1881)

GORINI: (come parlando tra sé) Quanti ricordi!....la mia vita è stata un romanzo.....(con enfasi) anzi: la mia vita è stata veramente un'*opera d'arte*!..... Nonostante io mi sia sempre occupato di cose di Scienza..... (biologia... matematica... geologia.....igiene...) ci ho sempre messo una indubbia passione..... per comunicare qualcosa che sentivo dentro.... il gusto di spiegare degli enigmi....di rivelare come la Natura operava...con le parole giuste.....con la voglia di rendere partecipi i miei simili....di un'esperienza unica, esaltante. ....Un po' come succede al poeta.......quando trova l'espressione, la parola giusta.... per manifestare il suo mondo interiore....la sua ricchezza d'animo....Ora però mi avvio a compiere il mio destino......

(spiegando le carte che tiene tra le mani) Ieri è stato il giorno del mio sessantottesimo compleanno.... Avrei voluto festeggiarlo -si fa per dire- con la mia carissima sorella Adelaide..... ma non è stato possibile..... Proprio lei, che si occupava di me e della mia salute....è venuta a mancare prima di me, che all'apparenza..... stavo molto peggio!......L'avevo lasciata erede delle mie povere cose materiali.......ma ora che non c'è più.....devo cambiare il testamento.... Ormai anche il dottor Rovida.....il mio carissimo amico dottore....che mi ha sempre voluto bene .... che per quarant'anni si è preso cura della mia salute....anche lui, infatti....mi ha fatto capire.....quasi con le lacrime agli occhi....che presto ci dovremo separare......

Così stamattina ho scritto le ultime cose che mi manca di comunicare....a tutti coloro che mi hanno più vivamente amato e beneficato...... (lentamente comincia a leggere con un senso crescente di affanno nel respiro)

"Alcune volte al sorgere d'una voce, o d'un nome, si ripresenta alla fantasia una faccia intiera della vita; come, per esempio, al nome dell'abate don Luigi Anelli, mio carissimo amico per tutta la vita, mi risovvennero i giorni burrascosi del 1848, quando eravamo nella più stretta convivenza, e solo per miracolo abbiamo potuto uscir salvi…….Ma il nome che mi richiama grandi ricordanze è quello del mio buon amico Cesare Vignati. Con lui si visse nella più stretta intimità per molte decine d'anni di seguito. Con lui non aveva soltanto i conforti dell'animo, dell'amicizia, ma vi si aggiunse una collaborazione attiva e intelligente ne' miei lavori. Per cui, quando egli dovette cambiare di residenza, io l'ebbi come una vera disgrazia. Ma fin qui non siamo usciti dalle vicende ordinarie della vita comune, mentre io ho voluto prepararmi una vita che fosse una specie di poesia della vita, e ci sono meravigliosamente riuscito. Conobbi tre giovani pieni di intelligenza, di cuore, di sentimento, tre giovani che si amavano essi stessi d'un amore invidiabile. Questi tre egregi giovani, ormai noti per tutta Italia, Alberto Pisani Dossi, Luigi Perelli e Luigi Primo Levi, io volli averli amici e li ebbi; essi mi presero ad amare come i figli amano il loro padre, e finchè vivemmo nello stesso luogo è stata per me una vita di paradiso. Ma questi cari giovani, obbligati a trasferirsi a Roma, stanno attendendo a cogliere tutti i mezzi per potermi giovare, e questi mezzi si presentano frequenti e non ne lasciano mai sfuggire alcuno. Ma v'è di più, che nell'animo di quei miei giovani amici v'è tanto di poesia, che il bene che mi fanno ne resta tutto profumato e torna assai più gradito. Cari i miei Perelli, Pisani Dossi e Levi, io non troverò mai parola per ringraziarvi di tutto ciò che mi avete fatto provare e di tutte le gioje che mi avete procurate in questi ultimi anni della mia vita. Ricordatevi di me che vi ho amato assai, assai. F.to Paolo Gorini."

(Si spengono tutte le luci e nella sala si fa completamente buio. Una musica che si ode in lontananza si fa sempre più forte fino ad occupare tutto lo spazio sonoro dell'ambiente)

NOTE

1) Le prime prove di Dossi come scrittore sono state riproposte nella pubblicazione *Due racconti giovanili*, a cura di Paola Montefoschi, Salerno Editrice,1994.
2) La Perseveranza.
3) O ancora:…."Lazzaretto dove il D. tiene in quarantena i propri e i pensieri altrui"
4) Un riferimento ancora più certo sembrerebbe l'epigrafe dedicata a Gorini nel portico dell'Amicizia del Dosso Pisani, dove l'inizio dell'amicizia sarebbe fatta risalire al 1868.
5) La storia editoriale de La desinenza in A è ben riferita nell'edizione B.U.R., a cura di Giovanni Pacchiano, 1989, pag. 37 e seguenti.
6) Ed. B.U.R., ibidem, p. 69
7) Il pezzo è nato come una specie di recensione al volume di Elena Cazzulani e Angelo Stroppa, Carlotta Ferrari da Lodi,-poetessa e musicista, Ed. L'Immagine, 1992.
8) Il racconto (presentato ai lettori anche come "fantaricordo") è comparso nella rubrica "Cultura e Spettacoli" de Il Cittadino di giovedì 31 gennaio 2013.
9) Riguardo ai rapporti di conoscenza ed epistolari tra Gorini ed Aleardi si rimanda all'articolo di Alberto Carli, "Paolo Gorini tra scienza ed arte, con tre lettere inedite ad Aleardo Aleardi", pubblicato nell'Archivio Storico Lodigiano. (2003)
10) Anche il saggio (presentato con il titolo "La scienza raccontata con arte. Il Gorini delle *Note Azzurre*") è stato pubblicato su Il Cittadino di giovedì 31 gennaio 2013.
11) L'articolo è uscito su Il Cittadino di mercoledì 26 gennaio 2011, sotto il titolo "La nascita di Gorini, un altro *mistero*". Una settimana dopo, sullo stesso Il Cittadino di mercoledì 2 febbraio 2011, Giovanni Vanini replicava con una sua ricerca d'archivio con cui senza alcun dubbio precisava, come data di nascita, il giorno 28 gennaio 1813.

12) Il Carme, come si è detto, è stato integralmente pubblicato alle pagine 127- 131, nel volume di Alberto Carli dal titolo "Paolo Gorini – La fiaba del mago di Lodi" (2009). Consta di quasi duecentocinquanta endecasillabi sciolti e vi sono rappresentati gli ultimi afflati ed istanti di vita di Gorini, che, in una sorta di visione delirante, ripercorre le sue realizzazioni scientifiche, a partire dai preparati anatomici pietrificati, fino all'incenerimento delle salme col fuoco, ai violenti sconvolgimenti tellurici riprodotti con vari tentativi in laboratorio, secondo i principi della sua geologia sperimentale. Il lungo componimento si conclude con il tentativo dello scienziato di spegnere, senza riuscirvi (non avendone ormai più la forza), l'esile fiammella di una candela; *"...e in quella luce/ fissò lo sguardo e i suoi lumi vi spense!..."*

13) Nato nel 1813, ebbe come guida e modello il fratello Carlo Annibale, di undici anni maggiore di lui, e come maestro Carlo Mancini, autore di tragedie apprezzate dal Monti. Ordinato sacerdote nel 1835, si dedicò attivamente alla politica come repubblicano convinto e nel '48 partecipò al Governo provvisorio centrale di Lombardia. Fu bibliotecario, insegnante di Ginnasio a Lodi e scrittore prolifico. Tra le sue opere si ricordano *Le orazioni di Demostene volgarizzate (1842), La Storia d'Italia dal 1814 al 1867* in sei volumi, con l'appendice intitolata *L'andamento intellettuale d'Italia dal 1814 al 1867 (1864-1870)*, *Storia della Chiesa per un vecchio cattolico italiano (2 voll., 1873)*, *I riformatori del secolo XVI (postuma, 2 voll., 1891), I sedici anni del governo dei moderati (1860-1876),* composto nel 1880 e pubblicato solo nel 1929. Egli metteva in rilievo, in quest'ultima opera, i suoi ideali democratici e repubblicani di sempre, nonché i sentimenti di delusione, d'insoddisfazione, propri di molti uomini della sinistra radicale e del vecchio partito d'azione, per quello che essi giudicavano un tradimento degli ideali risorgimentali, con scadimento

del costume politico e morale del paese. Della sua vocazione di moralista sono testimonianza *La morale ai giovani ossia l'uomo educato alla virtù (1877), Verità e amore, considerazioni filosofiche e morali (1883).* Sua anche una monografia sul pittore *Giovanni Moriggia (1879).*

14) Nato nel 1814, fu sacerdote, patriota e storico. Si impegnò in istituzioni nella Diocesi e nella Scuola e fu un pubblicista di valore per gli studi storici. Tra le sue opere si ricordano in particolare: *Storie lodigiane dall'origine alla caduta del Romano Impero (1847), Lodi e il suo territorio (1860), Codice diplomatico laudense (1879), Statuti vecchi di Lodi (1884), Storia diplomatica della Lega Lombarda (1866).* Compose anche un *Catechismo elementare della dottrina cristiana (1851).*

15) I contenuti del dialogo derivano dalla lettura, oltre che delle *Note Azzurre*, anche dei testi presenti in Opere, soprattutto la *Fricassea critica*, da cui alcune proposizioni sono trasferite di peso. Altra fonte fondamentale, largamente consultata e citata, è stata l'*Autobiografia* goriniana.

BIBLIOGRAFIA

1) Carlo Dossi, Note Azzurre, a cura di Dante Isella, Adelphi Edizioni, 1964.
2) Carlo Dossi, Opere, a cura di Dante Isella, Adelphi Edizioni, 1995.
3) Alberto Raimondi, Carlo Dossi e Paolo Gorini: storia di un'amicizia, Rassegna artistico-letteraria, VII, 1992.
4) Alberto Raimondi, Storia di un progetto letterario, Corriere dell'Adda, 25 giugno1993.
5) Alberto Raimondi, Quel triste amore di Carlotta Ferrari, Corriere dell'Adda, 5 marzo 1993.
6) Alvise e Niccolò Reverdini, Il Dosso Pisani e Carlo Dossi, Associazione Dimore Storiche Italiane- sezione Lombardia, Milano 1989 (ristampa Settembre 2005)
7) Alberto Carli, Anatomie scapigliate, Interlinea edizioni, Novara, 2004.
8) Alberto Carli, Storia di uno scienziato, Bolis Edizioni, Azzano San Paolo (BG), 2005.
9) Alberto Carli (a cura di): Guida storica alla Collezione Anatomica "Paolo Gorini", Comune di Lodi, 2008.
10) Alberto Carli, Paolo Gorini- La fiaba del mago di Lodi, Interlinea Edizioni, 2009.
11) Angelo Stroppa (a cura di), Statuto e regolamento dell'Associazione di Cremazione "Paolo Gorini", L'Immagine digital Service, 1999.
12) Angelo Stroppa, La pietra e la cenere, Socrem, Lodi, 2011.
13) Paolo Gorini, Autobiografia, (a cura di Alberto Carli e Angelo Stroppa), Casa editrice Limina Mentis, Villasanta, 2010.
14) Marco Berisso, Rileggendo la Fricassea critica, sta in Studi di Italianistica: Carlo Alberto Pisani Dossi scrittore e uomo di Stato. *Atti delle Giornate di Studio nel centenario della morte (1910 – 2010)*, 15-16 Novembre 2010, Loffredo Editore.

15) Secchi Claudio Cesare, Luigi Anelli, abate irrequieto ma non ribelle. La vicenda della cremazione della sua salma. S.I.: s.n, 1960.
16) La Direzione dell'Archivio Storico Lodigiano, Luigi Anelli, I, 1890. (necrologio)
17) Primo Levi l'Italico, *dalla I ediz. Treves del 1910 delle Opere di Carlo Dossi* : Preludio: "Dall'altrieri al domani", 1910.
18) Alberto Carli, Letteratura, arte e scienze anatomiche. Su "Un corpo" di Camillo Boito, sta in Otto/Novecento 2/2000.
19) Luisa Fiorini, Saggio sulle dottrine politiche dell'abate L.A. da Lodi, Pavia, 1931 (estratto da Annali di scienze politiche, IV, fasc. II-III)
20) Cesare Vignati, Storia di Lodi ed il suo territorio, Edizioni Lodigraf, 1990.
21) Luigi Cremascoli, La civiltà delle Lettere, sta in LODI, La Storia, 1864-1989, Vol. II, Banca Popolare di Lodi, 1989.

Ringraziamenti

Desidero qui ringraziare alcune persone che mi sono state d'aiuto nella progettazione e nella realizzazione di questo libretto. Innanzitutto sono grato all'amico Claudio Vitelli che, frequentatore negli anni Sessanta dei corsi universitari tenuti da Dante Isella presso l'Ateneo pavese, per primo mi parlò di Carlo Dossi e delle sue *Note Azzurre.* Un grazie anche alla professoressa Clotilde Fino, che con la sua indubbia competenza in storiografia locale (e non solo), mi ha fornito alcune dritte risultate poi assai stimolanti per la mia indagine. Alla stessa devo anche l'occasione di conoscenza con Giosetta Pisani Dossi, nipote dello scrittore, nonché madre di Alvise e Niccolò Reverdini, che col loro padre furono prima ospiti a Lodi del nostro Salotto Letterario e poi ospitanti a loro volta nella loro favolosa dimora del Dosso Pisani, signorilmente mostrataci. Non mi posso dimenticare di Alberto Carli, gran conoscitore e studioso di Paolo Gorini, che in ogni occasione d'incontro ha arricchito le mie conoscenze sul "Mago" con osservazioni e notizie quanto mai interessanti e spesso di prima mano. Un grato ricordo infine, sebbene postumo, è per Elena Cazzulani e suo marito dottor Antonio Allegri, che da subito mostrarono apprezzamento per i miei testi, all'epoca ancora piuttosto embrionali, e che cordialmente mi spronarono a proseguire nella scrittura.

A. R.

Indice

Stampato da The Factory Srl - Roma
per conto di Borè Srl